地理
百问百答

中国篇

陈伟　主编

中国地图出版社　编著

中国地图出版社

·北京·

图书在版编目（CIP）数据

地理百问百答．中国篇 ／ 中国地图出版社编著．——
北京：中国地图出版社，2023.9
ISBN 978-7-5204-3633-5

Ⅰ．①地… Ⅱ．①中… Ⅲ．①地理－中国－少儿读物
Ⅳ．① K91-49

中国国家版本馆 CIP 数据核字（2023）第 169507 号

策　　划　孙　水
主　　编　陈　伟
编　　写　汪冬秀　胡雅茹　杨开婷　黄　芳
责任编辑　朱晓晓
编　　辑　梅　换
封面设计　封超男
图片提供　视觉中国

DILI BAI-WEN BAI-DA·ZHONGGUO PIAN
地理百问百答·中国篇

出版发行	中国地图出版社	邮政编码	100054
社　　址	北京市西城区白纸坊西街 3 号	网　　址	www.sinomaps.com
电　　话	010-83490076　83495213	经　　销	新华书店
印　　刷	河北环京美印刷有限公司	印　　张	11.5
成品规格	170 mm×240 mm		
版　　次	2023 年 9 月第 1 版	印　　次	2023 年 11 月河北第 2 次印刷
定　　价	69.00 元		
书　　号	ISBN 978-7-5204-3633-5		
审图号	GS 京（2023）1425 号		

＊ 本书中国国界线系按照中国地图出版社 1989 年出版的 1∶400 万《中华人民共和国地形图》绘制。
＊ 如有印装质量问题，请与我社联系调换。

目 录

第一章 奇妙中国之旅

第二章　自然奥秘大揭晓

第三章　探寻自然资源

第四章　经济腾飞之路

第五章　地理差异探秘

第六章　北方地区

第七章 南方地区

第八章　西北地区

第九章　青藏地区

图 例

★	首都	-------	特别行政区界
◉	省级行政中心	╌╌╌	运河
⊢⊣	洲界		河流、湖泊
——未定	国界		时令河、时令湖
··········	地区界		沼泽
··········	军事分界线、停火线		沙漠
··········	省级界		

第一章

奇妙中国之旅

001 为什么说中国的地理位置非常优越？

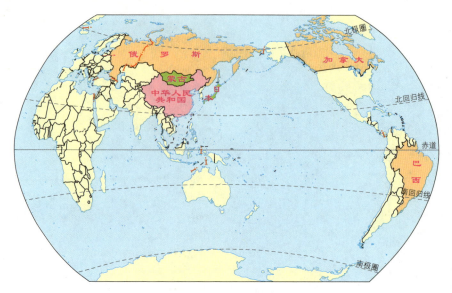

中国在世界的位置示意图

　　中国全称中华人民共和国。从纬度位置看，我国位于北半球，北回归线横穿南部，绝大部分领土在北温带，南部有一小部分在热带，没有寒带。从海陆位置看，我国有着漫长的海岸线，东面面向太平洋，西北伸入亚欧大陆，是一个海陆兼备的国家。我国地理位置的优越性体现在哪些方面呢？

　　首先，我国位于中纬度地区，拥有适宜人类生存的气候条件。与我国相比，俄罗斯、加拿大等国家纬度较高，气候寒冷；而巴西等国家则纬度较低，气候炎热。其次，我国地处亚欧大陆的东部，东临太平洋。这样海陆兼备的位置使得我国便于通过陆上交通和海上航运与世界各国进行交往。例如，在中俄、中哈边境展开的贸易和沿海港口运来的大量资源，都是这一优势的体现。

　　总之，我国这种海陆兼备的地理位置优势为经济发展提供了良好的条件。

002 中国领土的最东端和最西端在哪里？

我国国土辽阔，南北跨度大，东西距离长。那么，你知道我国领土的最东端和最西端分别在哪里吗？

我国领土东起黑龙江与乌苏里江主航道中心线的交汇处，西至新疆帕米尔高原，东西延伸5200多千米。黑龙江省抚远市作为我国最东端的城市，拥有"华夏东极""东方第一城""日出之城"等美誉。帕米尔高原位于中国、阿富汗和塔吉克斯坦三国交界处，是昆仑山、喀喇昆仑山、兴都库什山和天山等著名山脉交会而成的巨大山结，古丝绸之路也在此经过。这里群山林立，平均海拔为4000米，人烟稀少。

黑龙江、乌苏里江交汇处

帕米尔高原

我国领土东西跨经度60°以上，东西时差有4个多小时！所以，当最东端的乌苏里江江面上洒满了金色阳光时，最西端的帕米尔高原还是满天星斗；而当最东端夜幕降临时，最西端却还是烈日当空呢！我国国土如此辽阔，作为生活在这里的中国人，真是无比骄傲！

003 中国领土的最南端和最北端在哪里？

　　我国国土辽阔，不仅东西距离长，南北跨度也很大！想象一下，如果我们站在中国领土的最南端和最北端，会看到怎样的景象呢？

　　我国领土的最南端位于南沙群岛中的曾母暗沙。这里离我国大陆很远，距离海南省海口市约 1800 千米。由于靠近赤道，这里全年阳光充足，气温高，热带资源众多。曾母暗沙附近海域拥有丰富的油气资源，也是一个天然渔场，可以说是大自然赐予我们的一个"聚宝盆"！

　　我国领土的最北端在黑龙江省漠河市以北的黑龙江主航道中心线上。漠河市有"神州北极"和"不夜城"的美称。因为纬度高，这里是我国观赏北极光的最佳地点。

中国最北点

南海岛礁

　　从纬度上看，我国领土南北跨纬度近 50°，南北相距约 5500千米！这使得我国从南到北呈现出丰富多样的自然景观。想象一下，当寒冷的冬季来临，南方的海南岛依然阳光灿烂，沙滩上的椰子树在暖阳中摇曳生姿，而遥远的北方漠河却是一副银装素裹的冬日景象。

　　这种有着巨大差异的南北景观，是中国独具特色的地理之美。我们作为生活在这片土地上的中国人，无论走到哪个角落，都能感受到祖国大好河山的魅力，真是无比自豪！

004 什么是祖国的 "蓝色国土"？

　　我们的祖国是一个海陆兼备的国家，拥有 960 多万平方千米的陆地领土和 300 万平方千米的辽阔海域。这些 "蓝色国土" 与陆地一样，都是我国领土不可分割的重要组成部分。

　　我国大陆濒临的海洋，从北到南，依次为渤海、黄海、东海和南海，台湾岛东岸直接濒临太平洋。按照国际法和《联合国海洋法公约》的有关规定，我国主张的管辖海域面积可达 300 万平方千米，接近陆地领土面积的 1/3。其中与领土有同等法律地位的领海面积为 38 万平方千米。

　　祖国的 "蓝色国土" 拥有丰富的生物资源，煤、石油等化石能源，以及金属矿产资源等。

　　科学家预言，在 21 世纪，海洋将成为人类新的探索领域，因而 21 世纪也被誉为 "海洋世纪"。我们要重视、保护好我们的海洋领土，维护祖国 "蓝色国土" 的安全。让我们一起为守护祖国的 "蓝色国土" 而努力，让海洋更美丽，让祖国更强大！

美丽的 "蓝色国土"

005 中国有哪些岛屿？

当我们谈论祖国的辽阔领土时，不仅要关注陆地，还要关注海洋。祖国美丽的海洋中，遍布着 1.1 万余座大小不一的岛屿！这些岛屿宛如繁星点缀在大海上，为大海增添了无限生机。

在这些璀璨的"繁星"中，台湾岛独占鳌头，面积约 3.578 万平方千米，是中国的第一大岛。有趣的是，台湾岛曾经与大陆相连，后来因为地壳断裂陷落，形成了台湾海峡，台湾岛与大陆分离开来，变成了一座孤立的岛屿。台湾岛因此被称为典型的基岩岛。

再来看看中国最大的冲积岛。你知道冲积岛是怎么形成的吗？当河流带着泥沙流入海洋时，随着流速减慢，泥沙会在入海口附近堆积起来，长年累月最终形成了岛屿。崇明岛正是长江挟带泥沙在入海口形成的冲积岛。

接下来，我们再去看看南海的东沙群岛、中沙群岛、西沙群岛和南沙群岛。这些岛屿都是珊瑚礁岛，是造礁珊瑚的神奇之作！科学家发现，自中新世以来，南海海底的火山喷发形成了一系列出露海面的火山礁。随后，造礁珊瑚在这些火山礁周围生长，最终塑造了如今的南海诸岛。

台湾岛风光

每一座岛屿都是一颗镶嵌在大海上的明珠，闪烁着迷人的光芒。它们既是祖国领土的重要组成部分，也是大自然精心雕琢的作品。让我们共同珍爱和保护这些美丽的岛屿，让它们永远熠熠生辉！

崇明岛风光

006 中国国土辽阔有什么优势?

中国是世界上面积第三大的国家。这个国土辽阔的国家有哪些优势呢?

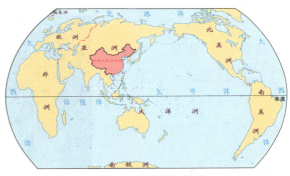
中国在世界的位置示意图

首先,面积广大的中国拥有丰富的自然资源。矿产资源为工业生产提供源源不断的支持;森林资源为木材和纸浆产业提供宝贵的原材料;中国地势阶梯交界处落差大,水流湍急,水能资源蕴藏量大,可修建水电站将水能转化为电能;等等。这些自然资源为中国经济的腾飞提供了强大支撑。

其次,中国的地理环境和气候条件丰富多样。想象一下,在中国的土地上,你可以在高耸入云的高山探险,也可以在宽阔的平原上尽情奔跑;你可以在沙漠中感受风的力量,也可以在海滩上享受阳光的温暖。中国气候复杂多样,季风性气候显著,这为农业发展提供了得天独厚的条件。不同地区的农作物像是大自然的礼物,为我们提供了许多美味食材。

再次,中国国土辽阔,人口众多,经济实力雄厚,这使得中国拥有很大的发言权和影响力,在世界舞台上发挥出越来越重要的作用。

最后,在这片土地上,不同民族、不同地区的文化相互交融,形成了独具特色的中华文化。随着全球化进程的加快,传统与现代、东方与西方的文化不断碰撞出火花,为我们的生活增添了无尽的趣味。

007 什么是计划生育？

根据第七次全国人口普查结果，截至 2020 年 11 月 1 日零时，我国总人口为 14.43 亿。与第六次全国人口普查相比，增加 7200 多万人。

我国从 20 世纪 70 年代开始推行计划生育政策，1982 年将之写入宪法并

三孩政策

确定为基本国策。通过宣传普及节育知识、鼓励晚婚晚育和控制生育次数等方法，人口过快增长得到有效控制，人口素质明显提高，促进了经济发展和社会进步。

党的十八大以来，根据我国人口发展变化趋势，党中央、国务院审时度势先后作出单独两孩、全面两孩等重大决策部署，取得了积极成效。后来，党中央、国务院立足国情，遵循规律，实施一对夫妻可以生育三个子女的政策及配套支持措施，以保持人口的合理增长。

总的来说，计划生育政策在控制人口增长、优化人口结构等方面取得了很好的效果。当前，我国正处于人口大国向人力资本强国转变的重大战略机遇期，人口问题复杂多变，应深化人口中长期发展战略和人口发展规划研究，促进人口长期均衡发展。

作为世界人口大国，中国人口增长快吗？

008

最新的数据显示，中国的人口增长速度已经开始逐年下降了，这与中国的发展密切相关。随着中国经济和社会的发展，人们

人口老龄化

的生活水平日益提高，养育和教育孩子的成本也在逐渐增加；年轻人婚育观念发生了显著变化；同时，育龄妇女数量减少等。这些都导致中国人口增长速度持续放缓。

中国虽然人口增长速度已经放缓，但仍然是一个人口大国。我国目前存在出生人口持续走低、老龄化程度不断加深等问题。所以，我们需要采取更加全面和有效的措施来应对这些挑战，并推动中国经济和社会的可持续发展。

"胡焕庸线"在哪里？

"胡焕庸线"是连接黑龙江黑河到云南腾冲的一条直线。这条线是由中国著名地理学家胡焕庸先生于 1935 年首次提出的。你可能会好奇这条线有什么特别之处，让我们继续往下看吧！

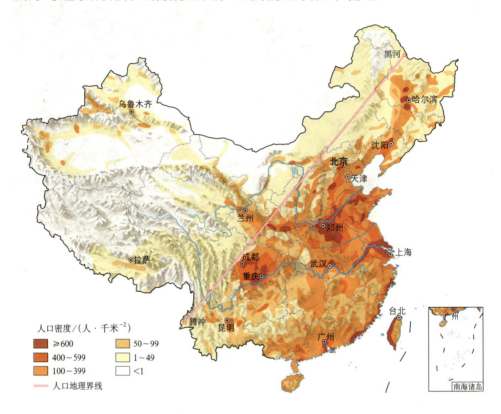

中国人口密度分布图

这条线不是一条普通的线。这条线的东南侧，面积约占中国土地总面积的 43%，生活着中国 94% 的人口；而这条线的西北侧，面积占中国土地总面积的 57%，人口却只占中国总人口的 6%。你是不是觉得很神奇呢？

　　要了解"胡焕庸线"为什么会这样分布，我们需要从地理角度来探讨。此线东南侧地势较低，地形以平原、丘陵为主，气候温暖湿润。这里农业发达，物产丰饶，水网密布，适宜人类居住，所以人口密度较高。而此线西北侧则多分布高原、山地等地形，气候条件相对恶劣，不利于人类居住，因此人口密度较低。

　　当然，"胡焕庸线"也在不断地变化。随着资源开发、交通运输等条件的改善，这条线两侧的人口分布也在悄悄改变。比如，随着新疆的石油、天然气资源陆续被发现和开发，越来越多的人前往西部地区工作和生活。但总体来说，"胡焕庸线"仍然是一条相对明显的人口地理界线。

　　"胡焕庸线"让我们认识到地理环境对人口分布的影响。在现实生活中，我们还能找到很多类似的例子。比如，巴西的东部沿海地区人口密集，而西部亚马孙平原地区则人口稀少；美国的东部沿海地区也比内陆地区人口更为密集。

010 中国哪里人口**最密集**？哪里人口**最稀疏**？

你知道吗，我国人口有 14 亿多！那你知道我国哪里人口最密集，哪里人口最稀疏吗？

首先，了解一下什么是"人口密度"。人口密度就是在单位面积的土地上居住的人口数。通常用"人/平方千米"来表示。这个数值越大，说明人越多，越密集；数值越小，说明人越少，越稀疏。

根据第七次全国人口普查公报，我国大陆 31 个省级行政区域中，广东省人口最多，约 1.26 亿人；人口最密集的是上海市，

上海风光

西藏风光

约 3923 人 / 平方千米。如果算上香港特别行政区、澳门特别行政区和台湾省，那么人口最密集的就是澳门特别行政区了，人口密度突破 20000 人 / 平方千米。这些人口密集的地方基本上都位于我国沿海地区，沿海地区经济发达、地理位置优越，是我国的经济、工业和贸易中心，吸引了大量的人口前来就业和居住。

我国人口最稀疏的省级行政区域是西藏自治区。西藏自治区位

于"世界屋脊"——青藏高原上，由于海拔高、气候寒冷等自然条件的限制，这里的人口相对稀疏。据第七次全国人口普查公报，西藏自治区的人口密度仅约 3 人 / 平方千米。而青海省（人口密度约 8 人 / 平方千米）、新疆维吾尔自治区（人口密度约 15.5 人 / 平方千米）和内蒙古自治区（人口密度约 20 人 / 平方千米）等地，人口分布也相对稀疏，这些地方拥有大片的沙漠、高原和山地，自然环境比较恶劣、经济发展相对滞后，不利于人类居住和农业发展。

　　这些地区人口分布的特点，正是地理、历史、文化、经济等多种因素共同作用的结果。

011 中国少数民族中的**世界级非遗**知多少？

我们伟大的祖国共有 56 个民族，这些民族组成了统一和谐的中华民族大家庭。在这个大家庭里，许多少数民族的文化表现形式被联合国教科文组织列入非物质文化遗产名录（名册）。让我们一起去探索这些独特的文化宝藏吧！

藏戏是中国藏族人民独有的、戴着面具以歌舞形式演故事的藏族戏剧，内容大多是佛经中惩恶扬善的神话传说。藏戏原来流传于

藏戏

民间，由艺人口传心授在广场或寺院中演出，后来建立了专业剧团，出现了舞台演出形式，这两种演出形式都深受藏族群众认可和喜爱。藏戏传承了藏族文化，反映了藏族人民的生活面貌和思想感情，是他们文化生活的重要组成部分。

新疆维吾尔木卡姆艺术，是流传于中国新疆维吾尔族聚居区的各种木卡姆的总称，是集歌、舞、乐于一体的大型综合艺术形式。新疆自古以来就是多民族聚居之地。新疆维吾尔木卡姆有着漫长的形成和发展历史，其歌唱内容不乏哲人箴言、文人诗作、民间故事

等，是反映维吾尔族人民生活和社会风貌的百科全书。

中国朝鲜族农乐舞是集演奏、演唱、舞蹈于一体，反映传统农耕生产生活中祭祀祈福、欢庆丰收的民间表演艺术。

中国朝鲜族农乐舞

舞蹈具有淳朴、粗犷、和谐的特征，场面热烈奔放，民族特色鲜明。

蒙古族长调民歌是一种独特的歌唱形式，以其悠扬的旋律和深情的歌词而闻名。长调民歌的歌词既有对大自然的赞美，又有对生活的感慨，还有对英雄的歌颂。长调民歌是蒙古族人民的生活写照，也是他们的文化瑰宝。

这些独特的文化表现形式，不仅是中华民族的瑰宝，也是全人类共同的文化遗产。

012 中国的**民族分布**特点是怎样的？

汉族人口遍布全国各地，少数民族人口主要分布在西南、西北和东北地区。"大散居、小聚居、交错杂居"是我国民族分布的显著特点。让我们一起来探索这种神奇的现象吧！

1. 大散居

大散居指的是各民族广泛地分布在全国各地。这种分布格局是在长期历史进程中各民族相互交往、沟通而形成的。

2. 小聚居

小聚居是指少数民族在某些地区集中居住。在这些地区，少数

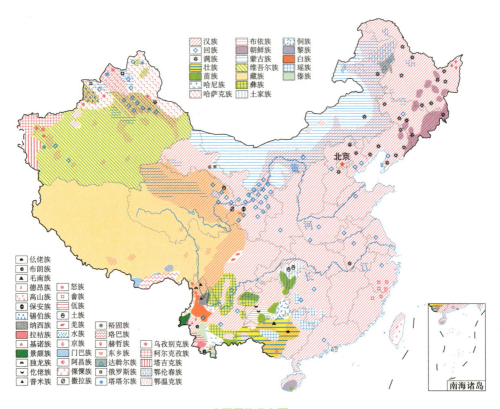

中国民族分布图

民族保留了自身的文化，吸引了许多游客来此体验。比如，西藏的藏族、新疆的维吾尔族等，都有自己独特的生活方式和文化传统。

3. 交错杂居

交错杂居是指不同民族在同一地区共同生活，少数民族聚居区内有汉族居住，汉族聚居区内也有少数民族居住。各民族在这一地区互相学习、交流、融合，形成了丰富多彩的地域文化。例如，云南是我国少数民族种类最多的省区，人口超过 6000 人的世居少数民族有 25 个，各民族间的互动和交融使得云南成为一个充满魅力的文化大观园。

"大散居、小聚居、交错杂居"，塑造了中国复杂且丰富的民族格局。我们要尊重各民族的风俗习惯。各民族之间应和睦相处。

自然奥秘大揭晓

第二章

013 中国的**三级大"台阶"**是如何分布的？

三级大"台阶"是中国地势的一个奇妙呈现。这三级大"台阶"从西部的高山向东部的低洼地带依次降低。让我们一起来探索这种神奇的自然景观吧！

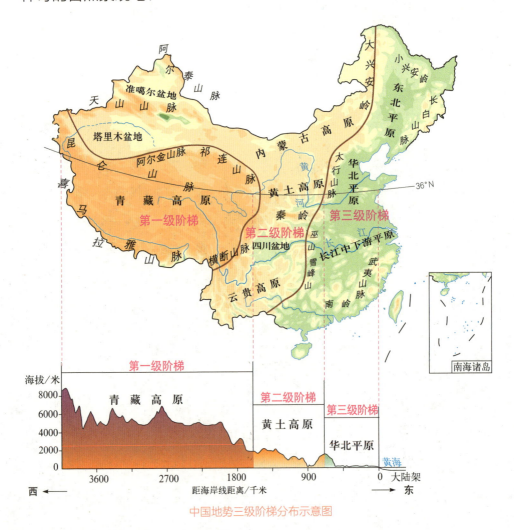

中国地势三级阶梯分布示意图

第一级阶梯是中国地势最高的部分，约占中国总面积的 1/4。平均海拔 4000 米以上，四周被高大的山脉所环绕。北边是昆仑山脉、阿尔金山脉和祁连山脉，东南边是横断山脉，南侧是绵延不绝的喜马拉雅山脉。世界最高峰珠穆朗玛峰就位于这级阶梯上。

第二级阶梯的高度介于第一级阶梯和第三级阶梯之间，海拔为 1000~2000 米，包括内蒙古高原、黄土高原、云贵高原、塔里木盆地、准噶尔盆地和四川盆地等地形区。这里山地、高原、盆地相间分布，是中国地形类型最丰富的一级阶梯。这里拥有众多风景名胜，如九寨沟风景区 、黄果树瀑布等。

第三级阶梯是中国地势最低的部分，包括东部沿海的广大平原和丘陵地带。这里海拔多在 500 米以下，河流密集，土地肥沃，适合发展农业。东北平原、华北平原和长江中下游平原是中国的主要粮食产区。

第一级、第二级阶梯的分界线为昆仑山脉—阿尔金山脉—祁连山脉—横断山脉；第二级、第三级阶梯的分界线为大兴安岭—太行山脉—巫山—雪峰山。

三级阶梯状的地势分布不仅造就了我国多样化的气候，还对自然环境和资源分布产生了显著的影响，进而对中国的经济发展产生了深远的影响。

014 中国四大盆地知多少?

　　盆地指四周高、中间低的地形区。我国有四个著名的盆地,它们分别在哪里呢?让我们一起揭开这四个盆地的神秘面纱,探索它们的奥秘吧!

　　1. 四川盆地: 美食与熊猫的乐园

　　四川盆地位于中国西南部,包括四川省东部和重庆市西部地区。这里有美丽的自然风光,还有许多可口的美食。在这里,你可以品尝到辣味十足的四川火锅和麻辣串串。另外,这里还是中国国宝大熊猫的故乡。

四川盆地

　　2. 塔里木盆地: 演绎生命的奇迹

　　塔里木盆地位于中国新疆维吾尔自治区南部,是我国面积最大的盆地。这里有中国最大的沙漠——塔克拉玛干沙漠。尽管这里的生存条件非常恶劣,但许多生命依然在这片荒芜的土地上顽强地生存着。比如胡杨树,它们在寸草不生的沙漠中顽强地生长,成为塔里木盆地的生命奇迹。

塔里木盆地

　　3. 柴达木盆地: 高原上的"聚宝盆"

　　柴达木盆地位于青海省西北部,是一个被昆仑山、阿尔金山、祁连山等山脉环抱的封闭盆地。这里有许多美丽的盐湖,比如大柴旦翡翠湖、察尔汗盐湖,它们闪耀着绿色的光芒,成为柴达木盆地亮丽的风景线。柴达木盆地不仅是盐的世界，而且还有丰富的石油、煤，以及多种金属矿藏，因此柴达木盆地有"聚宝盆"的美称。

柴达木盆地

4. 准噶尔盆地：草原与沙漠的交融

准噶尔盆地位于中国新疆维吾尔自治区北部，是中国第二大内陆盆地，位于阿尔泰山脉与天山山脉之间。这里既有广袤的草原，也有大片的雅丹地貌等。草原上，牛羊成群，呈现出一幅生动的牧歌画卷。而雅丹地貌则展示了准噶尔盆地的另一面——大风、干燥的特征。这片土地上生活着勤劳勇敢的哈萨克族、蒙古族等民族，他们热

准噶尔盆地

情好客，擅长歌舞，这里的草原歌舞成为生活在准噶尔盆地上的人们生活中不可或缺的一部分。

中国四大盆地各具特色，它们就像四个神秘的"大碗"，各自盛满了美丽的风景和独特的文化。如果你有时间，不妨踏上旅途，亲自去探寻这些神奇"大碗"的美丽与奥秘吧！

015 中国的三大平原在哪里？

平原一般指海拔小于 200 米的宽广低平地区。我国有三大平原，分别是东北平原、华北平原和长江中下游平原。接下来，让我们一起走进这三大平原，探寻它们的奥秘吧！

第一大平原是东北平原。它的西、北、东三面分别为大兴安岭、小兴安岭、长白山脉所环绕，包括辽宁、吉林、黑龙江三省和内蒙古自治区的一部分。这里农业非常发达，盛产大豆、玉米和水稻等粮食作物。另外，这里还

东北平原

富含煤炭、钢铁等资源，为我国的经济发展提供了强大的支持。

第二大平原是华北平原。它主要由黄河、淮河、海河三大河流的泥沙冲积而成，包括北京、天津、山东、河北、河南等省区。这片平原南接淮河，北邻燕山，东临渤海和黄

华北平原

海，西邻太行山。这里物产丰富，小麦和玉米是主要的农作物，煤炭、钢铁等能源的蕴藏量也非常可观。

第三大平原是长江中下游平原。它西起巫山，东抵海滨，主要由长江及其支流挟带的泥沙冲积而成，包括江苏、江西、上海、安

徽、湖南、湖北等省区的绝大部分。这片土地盛产水稻、棉花和油菜等农作物。同时，这里还是我国重要的工业基地。

长江中下游平原

我国除三大平原之外，还零星分布着一些面积较小的平原，如四川盆地中的成都平原、广东的珠江三角洲、台湾岛西部的平原等。平原地区是我国主要的农业区，也是我国人口稠密、城镇集中、经济繁荣的地区。

016 中国的**四大高原**在哪里？

　　我国高原面积广阔，著名的高原有内蒙古高原、黄土高原、云贵高原和青藏高原，它们都有着各自独特的自然风光。

　　内蒙古高原位于中国的北部，地势较高，海拔为 1000~1500 米。它位于大兴安岭以西，向西延伸到祁连山麓，地表景观多样，东部有大片的草原，西部有大片的沙漠。内蒙古高原是中国北方主要的畜牧业基地之一，以养殖牛羊为主，同时也是中国煤炭的主产区。

内蒙古高原

　　黄土高原西起祁连山脉东端，东到太行山麓，北以古长城为界，与内蒙古高原相邻，南到秦岭。它因覆盖着厚厚的黄土而得名。这里是世界上面积最大的黄土分布区。黄土高原气候干燥，土质疏松，地形破碎，多为塬、梁、峁及沟壑地形，水土流失严重。经过多年综合治理，水土流失已得到一定程度的控制。

黄土高原

云贵高原位于中国的西南部，包括云南东部和贵州大部分地区。该高原上石灰岩分布广泛，石灰岩被流水不断地溶解侵蚀，形成石芽、石林、天坑、地下河等喀斯特地貌。云贵高原也是中国生物多样性最为丰富的地区之一。

云贵高原

青藏高原，位于中国西南部，是全球海拔最高的高原，平均海拔超过4000米，被称为"世界屋脊"。青藏高原边缘和内部分布着一系列雄伟的山脉，高山上雪山连绵、冰川广布。山脉之间，高原起伏平缓。青藏高原有

青藏高原

着丰富的地热资源，如著名的羊八井地热发电站就是世界上海拔最高的地热发电站，它为拉萨提供了源源不断的电力资源。

017 中国为什么是一个**多山之国？**

　　中国是一个多山之国，山地约占全国总面积的33%，高原约占26%，丘陵约占10%。如果按人们的习惯把山地、丘陵，连同比较崎岖的高原统称为山区，那我国山区面积约占全国总面积的2/3。

　　中国位于亚洲东部，地势西高东低。在西部，你可以看到海拔超过8000米的高峰，如珠穆朗玛峰和乔戈里峰。这些高峰冷峻威严，屹立在世界屋脊上。在东部，你可以看到广阔的平原和丘陵，这些地方是中国的主要农业区。

黄山美景

　　中国的山地不仅是自然景观，还是重要的资源宝库。例如，黄山的美景吸引了无数游客，同时黄山也是许多珍稀动植物的家园。此外，中国的矿产资源和水能资源也大部分集中在山地或山地与平原交界处。

　　众多的山脉组成我国地形的骨架，其间镶嵌着其他地形单元。每一座山都有它的故事，等待我们去探索和发现。

018 什么是山脉的走向？

山脉是地球上最壮观的自然景观之一，为我们的世界增色不少。那你知道什么是山脉的走向吗？

就像我们行走时有前进的方向一样，山脉的走向指的是它们延伸的主要方向。这个方向很重要，因为它可以帮助我们了解山脉的形成过程。

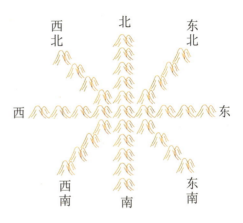

山脉的主要走向

中国山脉走向分布示意图

　　想象一下，地球表面的陆地像一块巨大的拼图，各个拼块在地球的内力作用下不断移动，地理学家称这些拼块为板块。当这些板块相互碰撞时，有的地方就会形成山脉。

　　了解山脉的走向可以帮助我们更好地理解地球表面的变化，有助于预测地震、滑坡等自然灾害，甚至有助于我们了解古生物的迁徙和演化。

019 中国大陆海拔最高和海拔最低的地方在哪里?

中国是一个拥有广袤领土的国家，拥有高山、平原、盆地等多种地形。不同地形的海拔也不同。那你知道中国大陆海拔最高和最低的地方分别在哪里吗?

中国大陆海拔最高的地方是珠穆朗玛峰，海拔为 8848.86 米，也是世界上海拔最高的山峰。珠穆朗玛峰是喜马拉雅山脉的主峰，其峰顶被白雪覆盖着。该峰是登山爱好者向往的圣地。

珠穆朗玛峰

中国大陆海拔最低的地方位于新疆吐鲁番盆地的艾丁湖，海拔 -154.31 米,湖区气候极度干旱，地形复杂。吐鲁番盆地呈环状结构，周围众山环绕，中部地势低洼。盆地内农业依靠坎儿井进行灌溉，盛产葡萄等农产品，是中国的葡萄之乡，还是世界上著名的古丝绸之路的重要驿站之一。

艾丁湖

我国海拔最高和最低的地方，一个位于高山之巅，一个位于盆地之中，它们的存在让我们更加深刻地认识到中国地形的多样性和复杂性。

020 为什么吐鲁番的葡萄特别甜？

你有没有吃过吐鲁番的葡萄？这里的葡萄味道特别甜。为什么吐鲁番的葡萄会这么甜呢？让我们一起揭开吐鲁番葡萄特别甜的秘密吧！

吐鲁番的葡萄

吐鲁番位于新疆中东部，是典型的内陆干旱气候区。吐鲁番拥有充足的阳光，日照时间长。在阳光充足的地区，植物的光合作用更加旺盛，而光合作用的产物除了氧气还有糖类。因此，这里的葡萄中的糖分得以大量积累，这就是吐鲁番葡萄特别甜的原因之一。

此外，吐鲁番地区昼夜温差较大，这对葡萄的生长也非常有利。白天，阳光充足，气温较高；到了晚上，气温骤降。这种昼夜温差条件有利于葡萄中糖分的积累，让葡萄更加美味可口。

除了优越的气候条件，吐鲁番地区还拥有独特的地下水资源。

这里的地下水来自天山山脉的冰雪融水，人们通过坎儿井进行灌溉。这些水经过长时间的地下流动，水质纯净、矿物质丰富。葡萄根部吸收这些地下水，使得葡萄营养丰富。

当地人的种植技术也是一个不可忽视的因素。当地的农民精心培育葡萄，通过搭建葡萄架、修剪枝叶等方式，让葡萄更好地接受阳光的照射。在这些因素的共同作用下，吐鲁番葡萄成为一种美味的水果，吸引着无数食客前来品尝。

在吐鲁番，葡萄不仅是一种水果，还是当地人们日常生活的重要组成部分。当地人用葡萄酿制葡萄酒、晾晒葡萄干、制作葡萄糖浆等，这些都充满了浓郁的地方风味。这些美食的制作过程也是文化传承的一种重要方式。

021 中国的"雨极"在哪里?

你知道我国台湾的火烧寮吗?它是我国降水量最多的地方。火烧寮位于台湾岛东北角,被誉为中国的"雨极",年平均降水量高达6558毫米。那么,它为什么会成为中国的"雨极"呢?

首先,火烧寮位于太平洋西北部,地处热带季风气候和亚热带季风气候的过渡地带。这里的气候特点是潮湿、炎热,常年有充足的水汽,空气湿度较大,有利于成云致雨。

其次,火烧寮处于东南季风的迎风坡,降水较多。东南季风是指夏季由海洋吹向大陆的季风。由于东南季风吹来的空气中含有大量水汽,潮湿的空气遇到迎风

火烧寮

坡时,受到地形阻挡,会顺势爬升,其中的水汽就会凝结成雨并落下。火烧寮正好位于台湾岛东北部的迎风坡上,地形起伏和海拔变化造成了不同的气温和气压,进而形成了强劲的上升气流,这也大大增加了该地区的降水量。

火烧寮充沛的降水不仅给这里带来了多样的生物和美丽的风景,也对台湾的农业生产起到了重要的作用。不过,也正因为太多的降水,火烧寮经常会遭遇洪水、山体滑坡等自然灾害。因此,政府和居民都需要采取一系列的措施来应对这些自然灾害。

022 为什么说"瑞雪兆丰年"？

"瑞雪兆丰年"的意思是冬天下大雪是一种好兆头，预示着来年会有一个丰收的好年景。那大雪和丰收有什么关系呢？让我们一起探究一下这个有趣的问题。

瑞雪兆丰年

首先，雪可以起到保温作用。冬天的气温低，雪不容易融化，可以盖在土壤上，防止土壤中的水分蒸发，让土壤更加湿润，为来年春天的播种创造更好的环境。此外，雪层质地较为松软，里面藏了很多空气。空气导热性较差，所以可以起到保温作用，保护土壤中的农作物，使之免受冻害。

其次，雪可以帮助大气中的氮化物进入土壤。虽然雪中的氮化物含量并不算丰富，但雪能将大气中的氮化物带到土壤中，为农作物的生长提供一定的氮肥，促进农作物生长，增加农作物产量。

最后，积雪融化的时候，需要从土壤中吸收大量热能。这时，土壤温度会降低，可以冻死害虫和病菌，防止它们危害农作物。这就为人们提供了一个天然的害虫防治方法，保证了农作物的健康生长。

综上所述，冬天的降雪对于来年丰收具有积极的影响。雪可以起到保温、增加土壤养分、防治害虫和病菌等作用，为农作物的生长提供了良好的环境。

023 为何中国各地**降水差异**这么大？

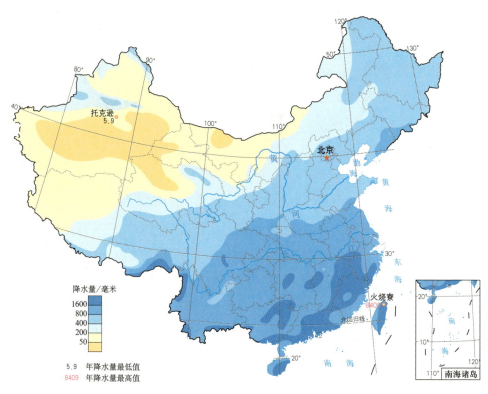

中国年降水量分布图

　　从总体上看，我国降水的空间分布和时间分配都很不均匀。那么，到底是什么原因导致了这种现象呢？

　　首先，纬度和季风的影响不容忽视。纬度因素是影响中国各地降水差异的重要因素之一。大体上，随着纬度的升高，太阳辐射的强度逐渐减弱，太阳辐射的时间逐渐减少，气温逐渐降低，水汽含量也随之减少。与此同时，中国受季风影响明显。夏季，来自太平洋和印度洋的夏季风为受季风影响明显的地区带来丰沛的降水；而冬季，来自蒙古—西伯利亚的干冷气流占主导地位，降水量则大幅减少。

其次，海陆分布也是影响中国各地降水差异的重要因素之一。中国地处亚洲东部，自东向西距离海洋越来越远，东部以季风气候为主，气候的海洋性明显；而西部深居内陆，气候的大陆性更为显著。比如，长江中下游平原夏季受到来自太平洋的水汽的影响，雨水充沛；而塔里木盆地则受内陆干旱气团的影响，雨水相对较少。

最后，地形、地势因素也对中国各地降水差异产生了重要影响。中国西高东低的地势，有利于夏季风将海洋上的湿润空气送入内地，供给内地大量水汽。

综上所述，中国各地的降水差异是由纬度、季风、海陆分布和地形、地势等多种因素共同作用而形成的。

神奇的中国，为什么冬天南北两重天，夏天南北却都热浪滚滚？

　　冬天，我国南方和北方的温度相差很大。但到了夏天，南方和北方都十分炎热。这是为什么呢？

　　首先，由于地球在不停地进行公转运动，冬天，太阳直射点位于南半球。我国大部分地区位于温带与亚热带，此时接收到的太阳辐射较少，温度也随之降低。北方离太阳更远，太阳高度更低，所以北方更加寒冷。

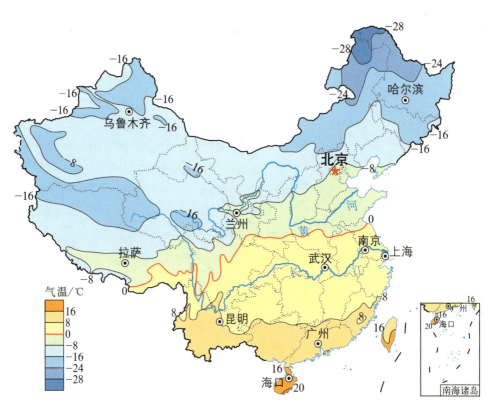

中国1月平均气温分布图

　　另外，冬季风从遥远的蒙古—西伯利亚地区带来寒冷干燥的空气，导致北方地区出现大风、降温天气。而南方地区由于距离冬季风源地较远，受其影响较小，温度稍高。这样一来，北方的小朋友就得穿上厚厚的棉衣度过冬天，而南方，特别是海南的小朋友则只需一件薄外套就可以轻松过冬。

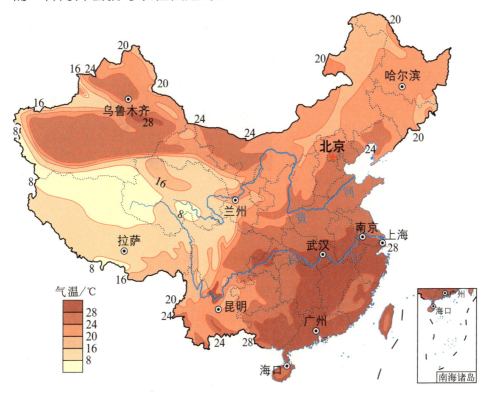

中国 7 月平均气温分布图

　　那么，为什么夏天，除了青藏高原，全国其他地方都十分炎热呢？夏天，太阳直射点位于北半球，太阳辐射较强，各地都能得到充足的日照。特别是北方，白昼时间更长，获得的热量更多。这就使得南北气温差距缩小，普遍暖热。不管是北京还是上海，高温使小朋友们都觉得吃冰淇淋是非常幸福的一件事。

025 为什么会出现"蜀犬吠日""粤犬吠雪"？

"蜀犬吠日""粤犬吠雪"，是形象描绘四川盆地和广东地区的狗对于气候变化的反应的成语：四川的狗见到阳光时非常兴奋，以至于忍不住吠叫；而广东的狗见到罕见的雪花也同样表现得异常兴奋。两个成语

成都平原

引申意义为少见多怪。那么，这种有趣的现象背后到底隐藏着怎样的地理奥秘呢？

先来看看四川盆地的"蜀犬吠日"。四川盆地位于青藏高原东部，西部多山地、高原，北、东、南三面也都被山地所环绕。地势较低的东部和南部有利于水汽进入，而西部山区又阻挡了水汽散失，空气上升运动加剧，导致低气压区形成，云雾天气增多。再加上四川盆地河流较多，空气中水汽充足，容易形成云层，因而，阴雨天多，晴天少。这里的狗久居此地，对阳光的渴望可想而知。

广东地处南方，绝大部分地区属于亚热带季风气候，空气湿度较大。这里虽然冬季温度较低，但下雪的天气还是较为少见的。因此，当雪花飘落时，广东的狗感到惊奇和兴奋，忍不住狂吠，产生"粤犬吠雪"的景象。

"蜀犬吠日"与"粤犬吠雪"现象的背后，正是我国地理差异性的体现。让我们一起努力，去发现更多大自然的秘密吧！

季风是什么？

　　季风是一种特殊的风，它的方向随季节有显著变化。季风的形成和地球的公转有关。地球绕着太阳公转，在公转轨道的不同位置，接收到的太阳辐射不同，因此形成春、夏、秋、冬四个季节。每到夏季，陆地受到阳光的强烈照射，温度升高，热空气上升形成低压区。而海洋比热容大，吸收热量较慢，温度较陆地偏低，形成高压区。高压区的冷空气流向低压区，形成了从海洋吹向陆地的夏季风。夏季风为陆地带来充沛的降水，给土地带来生机。但有时也会造成台风，给人们的日常生活带来不利影响。

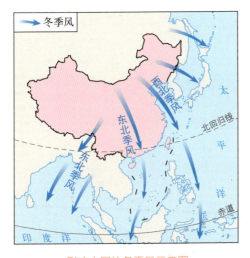

影响中国的冬季风示意图

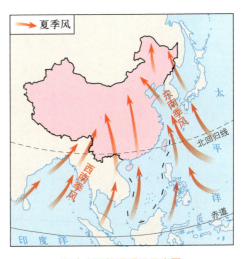

影响中国的夏季风示意图

　　到了冬季，情况就完全相反了。陆地接收到的太阳辐射较少，温度较低，形成高压区；海洋的比热容大，气温下降较陆地慢，温度相对较高，形成低压区。这时候，气流从高压区流向低压区，形成了从陆地吹向海洋的冬季风。冬季风所经之地，温度下降，空气干燥，有时还会形成寒潮等灾害性天气。

　　季风对人们的生产生活有着重要的影响。6月，雨带在长江中下游地区徘徊一个月左右，阴雨连绵，此时正值梅子成熟的季节，所以称为梅雨季节。而在7、8月，随着雨带推移到华北、东北等地，长江中下游地区则会形成温度很高、降水较少的伏旱天气，人们为躲避高温的炙烤，只想躲进空调屋度过炎炎夏日。

　　这就是季风，一种神奇的自然现象。

027 什么叫"一山有四季,十里不同天"?

"一山有四季,十里不同天"是对气候垂直地带性的生动描述。气候垂直地带性是指在高山地区,随着海拔的升高,气候类型发生明显变化,且有大体上与等高线相平行的带状分布特点。这种现象就像我们从山脚到山顶乘坐魔法电梯,在短短的时间里,就可以感受不同的气候特征,看到不同的景观。

横断山脉

横断山脉位于我国四川和云南西部及西藏东部,是一系列呈南北走向的山脉的总称。横断山脉大部分海拔在 4000~5200 米,最高峰贡嘎山海拔 7556 米。这里由于海拔差异巨大,气候的垂直地带性特点非常明显。从山麓到山顶,植被类型通常呈现出热带季雨林—常绿阔叶林—落叶阔叶林—亚寒带针叶林—高山草甸的变化。

乞力马扎罗山位于坦桑尼亚，其最高峰——基博峰海拔 5895 米，是非洲最高峰。从山麓到山顶，随着海拔逐渐上升，你可以依次见到热带雨林、疏林草原、常绿阔叶林、落叶阔叶林、高山草甸、高寒荒漠等不同的植被类型，还会在山顶看到终年不化的积雪。这种景观的垂直地带性变化令人惊奇，使得乞力马扎罗山成为登山爱好者的天堂。

乞力马扎罗山

山区的地形复杂，导致风速、日照和湿度等气象要素的分布存在巨大差异。所以，即使相距不远的地方，天气也可能大相径庭。

通过以上介绍，你可能对"一山有四季，十里不同天"有了更深刻的认识。其实地理知识并不枯燥，甚至还充满了奇妙的魅力。所以，在学习地理知识的过程中，我们要保持好奇心，去发现这个世界的无穷乐趣。

028 为什么说长江以南地区是"回归沙漠带上的绿洲"?

回归沙漠带是指位于北回归线和南回归线之间，主要分布在非洲、亚洲和澳大利亚的沙漠地带。这些地区阳光充足、气候干燥，植被覆盖率较低，土地荒漠化严重。比如，沙漠广布的阿拉伯半岛就是典型例子。我国长江以南地区位于北回归线附近。从纬度位置上看，它也应该是一片干燥的沙漠地带。然而事实恰恰相反，长江以南地区却是一片绿树成荫、水域众多的绿洲。这是为什么呢？

阿拉伯半岛

这与长江以南地区特殊的地理环境有关。每年夏季，夏季风从海洋挟带丰富的水汽而来，给长江以南地区带来充沛的降水。同时，这里土壤肥沃，地势低平，河流密布，为发展农业生产提供了得天独厚的条件。人们因地制宜驯化出众多农作物品种，如水稻、小麦、棉花等。长江以南地区不仅是中国的"鱼米之乡"，还是世界上水稻

鄱阳湖

种植密度较大的地区之一。

正是这些特殊的地理条件，使得长江以南地区如同绿宝石般闪耀在回归沙漠带上。这里既有美丽的自然风光，如三峡、张家界、黄山等，也有丰富的人文景观，如苏州园林、杭州西湖等。这些独特的景观吸引了无数游客前来欣赏，使长江以南地区成为中国最具魅力的旅游胜地之一。

029 大江为何东流？

你知道中国的大江为什么大部分都是向东流入大海吗？今天我们就一起来探讨大江东流背后的奥秘！

一方面，液体具有流动性，所以在重力的作用下，水自然会向低处流动。另一方面，我国地势西高东低，呈三级阶梯状分布。因此，在重力的作用下，水流顺着地势，从高处向低处流动，中国的大江就纷纷向东流淌了。

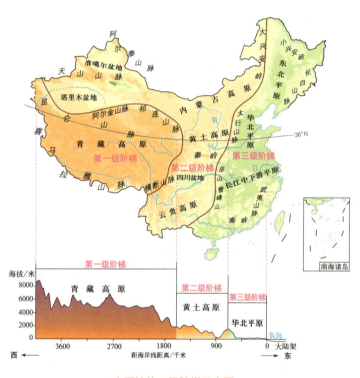

中国地势三级阶梯示意图

不过，并不是所有的大江都向东流，河流的流向取决于地势情况。发源于青藏高原的雅鲁藏布江、怒江、澜沧江等，则曲折南流，因为水总是在重力的作用下向最低的地方流淌。

大江东流这个有趣的地理问题揭示了重力和地势对河流流向的影响。学习地理知识，就像一场奇妙的探险，让我们带着好奇心，一起去发现这个世界的无限神奇吧！

030 为什么说长江是"黄金水道"？

长江是中国最长的河流，通航里程占全国内河航道总里程的2/3，被誉为"黄金水道"。它像一条巨龙舞动在祖国的大地上，

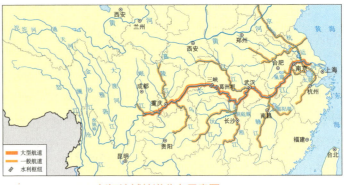

长江流域航道分布示意图

孕育出灿烂的中华文明。那为什么说长江是"黄金水道"呢？

首先，自然条件是长江成为"黄金水道"的关键因素。长江流域河网密布，支流纵横交错，形成了庞大的水网系统。交织纵横的长江水系就像大自然精心设计的高速公路网络，方便了人们的沟通交流。此外，长江地处亚热带季风气候区，降水充沛，水量充足，为发展航运业提供了稳定的条件。

其次，社会条件也帮助长江赢得了"黄金水道"的美名。长江沿岸是中国经济较发达的地区之一，特别是长江三角洲地区，作为中国综合实力最强的经济中心，对运输的需求巨大。长江水道成为连接长江上、中、下游的重要通道，促进了沿岸地区的经济交流与发展。

此外，长江水道在历史和文化传承中的重要作用也不容忽视。自古以来，长江就是中华民族的摇篮，文化、艺术和思想在这里得到传承和交流，对中华民族的发展起到了非常重要的作用。

长江之所以被誉为"黄金水道"，是以上因素共同作用的结果。长江沿线既有得天独厚的水路交通条件，又有繁荣的经济活动。它见证了中华民族的历史，还将继续书写未来的辉煌篇章。

031　长江究竟有多长？

作为中国最长的河流，长江被誉为"母亲河"，它像一条生命之线穿越祖国的大地。那么，长江究竟有多长呢？

要回答这个问题，还得从长江的源头说起。长江发

长江源

源于青藏高原的唐古拉山脉，有当曲、楚玛尔河、沱沱河三源，其中的沱沱河被认为是长江正源。长江从青藏高原出发，流经青海、西藏、四川、云南、重庆、湖北、湖南、江西、安徽、江苏和上海11个省级行政区域，最后注入东海。在这漫长的旅程中，长江接纳了嘉陵江、湘江、汉江、赣江等众多支流，形成了庞大的水网。

经过测量，长江全长约6300千米，仅次于尼罗河和亚马孙河，长度位居世界第三。长江是我国巨大的"水能宝库"，水能资源蕴藏量占全国的1/3，其中可开发利用的水能资源约占全国的一半。

长江作为我们的"母亲河"，孕育了中华民族灿烂的文明。我们应该保护好我们的"母亲河"，让它发挥更大的价值。

032 "九曲回肠"指的是哪里？

长江的荆江河段被称作"九曲回肠"。这与长江流经此区域的地形有密切关系。

长江在湖北枝城到湖南城陵矶河段被称为荆江。荆江是长江出三峡后的第一个江段，北岸为江汉平原，南岸为洞庭湖平原，两岸地势低平。这样的

荆江

地形导致荆江水流不畅，江面展宽，河道摇摆不定，蜿蜒曲折，人们把这一现象称为"九曲回肠"。

首先，这种现象与本区自然环境密切相关。以藕池镇为界，荆江分为上荆江和下荆江。上荆江河道微弯，河道相对固定。下荆江则曲流发育，是我国河曲地貌最发达的河段之一。

其次，人类活动也对此现象产生了一定影响。沿江堤防堵塞了荆江的分流穴口，增大了流量，促进了河湾的发展。你可以将长江想象成一位顽皮的舞者，在人类活动限制河岸宽度的情况下，她不得不改变舞步，跳出一段"九曲回肠"的即兴舞蹈。

荆江这种"九曲回肠"现象也给人们的日常生活带来了不利影响。水流不畅容易引发洪水，给两岸的农田、村庄带来威胁。为了抵御洪水，历史上荆江两岸的人民修筑了"伏洪长城"——防洪大堤和堤边的防浪林带。

现在，你知道荆江"九曲回肠"的秘密了吧！下次你在荆江边欣赏美景时，不妨想一想这段河流背后的奇妙故事。

033 为什么说黄河是中华民族的"母亲河"？

黄河

黄河发源于青藏高原的巴颜喀拉山脉，流经9个省级行政区域，最后注入渤海。黄河全长约5464千米，是中国的第二长河，流域总面积约79.5万平方千米。黄河为什么同长江一样，也被称为中华民族的"母亲河"呢？原因有以下几点。

1. 黄河流域是中华文明的发祥地：黄河孕育了两岸光辉灿烂的文化，培养了炎黄子孙坚韧不拔的性格。黄河就像母亲一样，哺育了这片土地上的生命。

2. 黄河为农业生产提供了肥沃的土壤：黄河带来的泥沙形成了土质肥沃的河漫滩，这里的土地适合种植小麦、玉米等作物。

3. 河水灌溉助力农业生产：黄河在流经上游宁夏、内蒙古境内时，塑造了富饶的宁夏平原和河套平原。在2000多年前，宁夏平原的人民就揭开了引黄灌溉的序幕。现在的黄河两岸也修建了许多引黄工程。黄河就像一位慈爱的母亲，源源不断地滋养着两岸的农田。

4. 人与自然共生：长期以来，黄河流域就存在洪水威胁、泥沙淤积等问题。人们在应对这些问题时学会了与黄河共处，修建了众多水利工程，如引黄工程等。这种人与自然和谐共生的智慧，也是"母亲河"赋予我们的宝贵财富。

我们不难发现，黄河对中华民族的形成和发展有着重要的影响。她哺育了生命，提供了资源，更传承了文明。

034 "地上河"说的是哪条河?

　　黄河是中国的第二长河,也是世界上的著名河流。但你知道吗,黄河在下游平原地区还有一个别名,叫作"地上河"!这是因为黄河中游流经水土流失严重的黄土高原时,沿途汇入了大量泥沙,进入下游时河道变宽,河床坡度变缓,水流速度减慢,河水挟带的泥沙沉积下来,导致河床逐渐抬高,高出两岸地面,为了防止洪水灾害,人们不断的加高河堤,年复一年形成了"地上河"。

　　另外,人类活动也是导致黄河下游河段变成"地上河"的重要因素。人们在黄河流域开垦荒地、修建水利工程等,也在一定程度上加剧了水土流失,导致黄河下游河段成为"地上河"。

　　我们需要认真对待生态环境问题,采取有效的措施,保护我们的母亲河——黄河,也保护我们的家园。

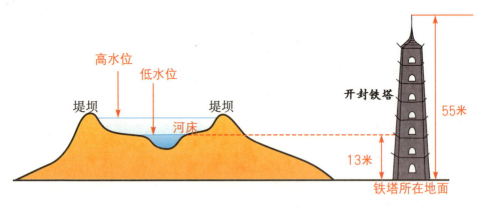

黄河下游的地上河示意图

035 寒潮的秘密通道：冷空气是如何来袭的？

你是否好奇过，为什么有时候冬季会突然降温？这是由一种叫作"寒潮"的天气现象所导致的。寒潮就像一股寒冷的洪流，从遥远的北方涌向我们的城市，给我们带来刺骨的寒意。那么，这股寒冷的洪流是如何形成的呢？

寒潮是由于极地或高纬度地区的冷空气大规模地向中、低纬度地区流动而形成的。影响我国的寒潮一般从新地岛以西的洋面、新地岛以东的洋面及冰岛以南的洋面这三个主要的源头出发，在西伯利亚中部地区的寒潮关键区积累、加强，然后通过四条主要通道，向我国发起"入侵"。

寒潮

四条通道简介如下：

1. 中路通道：冷空气从西伯利亚中部经过蒙古到达我国河套平原附近，然后继续南下，直达长江中下游地区。

2. 东路通道：冷空气从西伯利亚东部经过蒙古，到达我国东北地区，然后低空的冷空气折向西南，经过渤海侵入华北，再从黄河下游向南流去，到达两湖盆地。

3. 西路通道：冷空气从西伯利亚西部经过我国新疆、青海和青藏高原东侧，对我国西北、西南及东南各地影响较大。

4. 东西合流通道：东路和西路的冷空气在黄土高原东侧的黄河和长江之间汇合，形成大范围的降水天气。然后，这两股冷空气合并，并继续南下，带来大风和明显的降温天气。

这就是寒潮的秘密通道。下次当你在晚秋到早春时节感到天气突然变冷时，你就知道这可能是寒潮正在通过这些"秘密"通道，向我们的城市"入侵"了。

036 台风有什么好处吗？

台风是一种发源于热带洋面的大气涡旋。袭击我国的台风常常发生在 5—10 月，其中 7—9 月最频繁。台风的破坏力很大，常常造成狂风、暴雨和风暴潮等。那你是否认为台风只会带来破坏和灾难？

台风

实际上，台风也有一些意想不到的好处。

首先，台风能够为海洋生态系统带来一些好处。台风中心经过附近海面时会搅动海水，使得海洋底层的营养物质能够上升到表面，为浮游生物提供充足的养分。这些浮游生物是整个海洋食物链的基础，因此台风对海洋生态系统的稳定非常重要。

其次，台风能够带来降雨。对干旱地区来说，有时候一次台风带来的降雨量甚至可以超过当地一个月的降雨量。这些降雨对农作物生长非常有好处，对于干旱地区的人们来说，是一种及时雨。

通过了解台风的好处，我们可以更好地了解这种自然现象，辩证地看待它。

037 泥石流是怎样形成的？

泥石流是一种具有强大破坏力的自然灾害，会对人们的生命和财产安全造成巨大的威胁。那么，泥石流是怎样形成的呢？

泥石流

泥石流的形成通常与天气、地形和地质等条件密切相关。在坡度较陡的沟谷中，如果出现暴雨或暴雪等极端天气，或者发生地震等自然灾害，会导致山坡上的土壤和岩石松动。由于水流的作用，这些松散的物质会形成混合物，其中包含大量的泥土、岩石、水和其他碎屑物。混合物顺着山坡迅速滑落下来，随着速度的加快，它会形成一股巨大的流体。这种流体迅速漫延，带着巨大的能量，摧毁其行进路线上的一切阻碍。

除了天气和地形、地质条件外，人类活动也可能引发泥石流。例如，过度采矿、大规模砍伐森林或者建筑房屋等都会对山体造成破坏，导致泥石流的发生。

总之，泥石流的形成是一个非常复杂的过程，与多种因素密切相关。了解泥石流的形成原因，有助于我们更好地了解这种自然灾害，并采取相应的预防措施，以确保我们的生命和财产安全。

038　地震来了，我们该怎么办？

地震是指地球内部运动引起的地表震动的一种自然现象，包括火山地震、陷落地震和构造地震等。另外，陨石撞击、人工爆炸等也能引起地震。当地震来临时，我们需要保持冷静，采取正确的行动。

首先，我们要迅速找到安全地带，尽可能远离易碎物品，比如玻璃、瓷器等，以避免对我们身体造成伤害。如果在室内，我们可以躲到桌子或者床下，同时用枕头等物品保护头部和颈部，以防止被物体击中。如果在户外，我们应该远离高大建筑物和容易倒塌的地方，尽可能躲到空旷地带。

其次，我们要避免使用电梯，尽量选择楼梯下楼。地震发生期间，电梯很可能停在任何一层，或者因为停电等情况而发生意外。而楼梯不存在这种情况，可以在一定程度上保障我们的安全。

漫画：地震来了

最后，地震过后，我们还要保持警惕，避免靠近已经倒塌或者损坏的建筑物。同时，我们也要关注地震后可能出现的余震，及时采取适当的措施避免危险。如果遇到伤员或者其他需要救援的人员，我们应该及时联系救援队伍或者有关部门进行救援。

总之，我们虽然无法避免地震，但是可以通过正确的应对方式来减少损失和伤害。在地震发生时，保持冷静，迅速采取正确的行动，才能保障我们的安全。

039 卫星遥感在防灾减灾中有什么作用？

地球上的自然灾害时常给我们的生命和财产安全带来极大的威胁，人们也在不断研发新技术以减轻灾害造成的损失。现在有一种叫作卫星遥感技术的科技工具，可以在防灾减灾方面帮我们大忙！那么，卫星遥感技术在防灾减灾中究竟扮演着什么角色呢？让我们一起来了解一下吧！

卫星遥感影像

首先，人造卫星可以通过卫星传感器拍摄到地球上的自然资源、地形地貌等各种信息，并将这些信息转换为数字信号，从而帮助我们实现遥感监测。这意味着当地震、洪水、泥石流等自然灾害来袭时，它可以将实时监测到的信息及时反馈给有关部门和民众，以便更快地采取应对措施。

其次，人们利用卫星遥感技术可以快速、精准地获取受灾区域的灾情信息。例如，当地震发生时，人们可以通过遥感图像观察受灾地区的情况，从而协助有关部门制订更加科学合理的应急救援方案。

最后，人们还可以通过遥感图像判断灾害对基础设施的影响，包括道路、桥梁、机场、港口等。这些信息对救援人员来说非常重要，他们可以根据这些信息选择最佳的救援方案，帮助更多的人。

卫星遥感技术在防灾减灾方面扮演着极其重要的角色，它可以帮助我们对自然灾害进行预测、及时获取灾情信息、进行灾后评估等，为我们应对自然灾害提供强有力的支持。

第三章

探寻自然资源

040 什么是非可再生资源?

自然资源分为可再生资源和非可再生资源。非可再生资源主要包括煤炭、石油、天然气等化石能源以及铁、铜、铝土等金属矿产资源。这些资源的形成需要数百万年的时间,但其消耗速度却非常快。

石油开采

非可再生资源的采掘、开发和使用,可能对环境造成较大影响,比如煤炭的开采、加工会带来大气污染和土地破坏等问题,石油、天然气的

煤炭

开采、加工和使用会导致温室气体含量增加,加剧全球气候变暖等。因此,人们在使用这些非可再生资源的同时,也要探索可再生资源的利用,保护环境,实现可持续发展。

041 可再生资源是"取之不尽，用之不竭"的吗？

可再生资源是指自然界中可以在较短时间内更新、再生，或者可以循环使用的资源，如太阳能、水能、风能等。在日常生活中，可再生资源越来越受到人们的关注，很多人认为这些资源是"取之不尽，用之不竭"的，但这一观点真的正确吗？

风能

虽然可再生资源可以在自然界中不断更新和再生，但并不是"取之不尽，用之不竭"的。例如，如果我们不停地砍伐森林，树木再怎么长也会变得稀缺；如果我们不节约用水，水资源也会变得紧张。

太阳能

另外，可再生资源在开发和使用过程中也存在一定的局限性。例如，太阳能和风能的利用需要大面积的土地和大量的设备来进行能量收集和转换，而水能的利用则需要进行大规模的水利工程建设。这些都需要大量的资金和技术支持，而且可能会对环境产生一定的影响。因此，可再生资源并不是"取之不尽，用之不竭"的，它们也需要我们的保护。让我们一起学会珍惜资源，保护地球吧！

042 中国地大物博,为什么还会资源短缺?

我国疆域辽阔,自然资源种类众多。可是你知道吗?我国也面临资源短缺的问题。我国地大物博,为什么还会资源短缺呢?

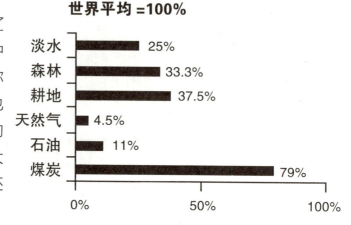

世界平均=100%

中国人均自然资源占有量与世界平均水平的比较示意图

- 淡水 25%
- 森林 33.3%
- 耕地 37.5%
- 天然气 4.5%
- 石油 11%
- 煤炭 79%

一方面,我国人口众多,这就意味着我们需要更多的资源来满足经济发展的需要。像煤炭、石油和天然气这样的化石能源,是不可再生的,当我们不断地开采和利用这些资源时,它们的存量就会减少,导致资源短缺。

另一方面,由于利用不当、管理不善,自然资源遭到破坏和浪费的现象严重。比如,过多地砍伐森林会破坏生态环境,也使木材变得稀缺。此外,某些有毒物质如果处理不当,也会污染土地,造成资源浪费。

所以,我们要客观认识我国自然资源相对短缺的问题,积极推广可再生资源的利用,加强资源回收和再利用,提高资源利用效率。

043 什么是世界地球日?

世界地球日

世界地球日是每年的 4 月 22 日，这是一个专门为世界环境保护而设立的节日，旨在提高民众对于现有环境问题的认识，并动员民众参与到环保运动中，通过绿色低碳生活，改善地球的整体环境。

1970 年第一届世界地球日活动由美国的两位环保主义者发起。从那时起，世界地球日在全球范围内得到了广泛关注和支持，成为一个宣传环保、呼吁减少污染的重要节日。

每年的世界地球日都会有不同的主题。例如，2019 年的主题是"珍爱美丽地球　守护自然资源"，2020 年的主题则是"珍爱地球　人与自然和谐共生"。

除了主题宣传，世界地球日这天人们还会组织各种活动。比如，有些人会组织环保志愿者清理垃圾，有些人会通过举办演讲和讲座来宣传环保知识，还有些环保人士会在社交媒体上发布关于环保的信息和资讯。这些活动都旨在通过行动向公众传达环保意识，让更多的人了解和关注环境问题。

世界地球日是一个提醒人们保护地球的节日。它提醒我们要重视环境问题，采取实际行动来保护地球的生态环境。

044 为什么要坚守**耕地红线**？

"民以食为天。"中国是人口大国，守住18亿亩（1.2亿公顷）耕地红线，就是守住14多亿人的"生命线"！

"耕地是粮食生产的命根子，是中华民族永续发展的根

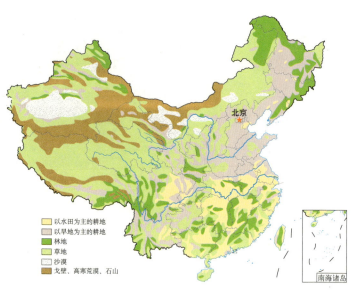

图例
以水田为主的耕地
以旱地为主的耕地
林地
草地
沙漠
戈壁、高寒荒漠、石山

北京

南海诸岛

中国主要土地利用类型分布图

基。"截至2022年底，我国耕地总面积为12760.1万公顷，人均耕地面积约0.09公顷，不足世界人均耕地面积的一半，但我国土地垦殖率已达13.7%，超过世界平均水平3.5个百分点，耕地后备资源极其有限。因此，保护耕地，就是保护我们的生命线，更是社会经济持续发展对我们提出的迫切要求。确保粮食安全，必须首先保障耕地安全。

18亿亩耕地红线，是国家有关部门经科学研究计算出来的，是确保我国粮食安全稳定的耕地面积界线。我们不仅要保证耕地数量，还要提升耕地质量。耕地质量是粮食稳产、增产的重要途径。牢牢守住耕地红线，在保数量的前提下提质量，确保农田就是农田，而且必须是良田！

045 中国为什么要实施南水北调工程？

我国是一个水资源大国，水资源总量位居世界第6位，但人均水资源十分短缺，人均水资源占有量仅为世界人均值的1/4。另外，

南水北调工程示意图

我国南方水资源比北方水资源丰富，尤其是华北地区城市，人口众多，需水量大，水资源短缺严重制约了地区经济发展。为了缓解这种状况，我国实施了一项伟大的工程——南水北调工程！

这项工程就像搭建了一座座桥梁，将南方的水资源运送到缺水的北方。南水北调工程的实施不仅缓解了北方地区的水资源短缺问题，还带来了良好的环境效益。北京引入南水后，许多干涸的湖泊得以恢复，城市生态环境得到改善，人们的生活水平也在一定程度上得到提高。它是一项伟大的工程，让南、北方水资源得到更好的平衡与共享。

为了确保水资源的可持续利用，我们要加强水资源保护和管理，提高水资源利用效率。在日常生活中，我们也要珍惜每一滴水，从自身做起，节约用水。

第四章

经济腾飞之路

046 为什么说交通运输是经济发展的"先行官"？

交通运输将一个国家的各个地区紧密相连。没有交通运输，各地的资源就无法得到充分利用，经济发展就会受到很大的限制。

首先，交通运输对于资源开发有至关重要的作用。如矿产、森林、水资源等的分布具有地域性。如果没有交通运

各种交通运输工具

输，这些资源就会被"困"在原地，无法发挥其价值。交通运输的发展，让各地的资源得到了充分利用，推动了经济的繁荣发展。

其次，交通运输可以促进地区之间的经济合作。随着交通运输的发展，各地的商品可以快速流通，实现资源互补，提高经济效益。交通运输让各地的市场变得繁荣起来，成为经济增长的重要动力。

最后，交通运输的发展还为人们的日常生活提供了便利。便捷的交通不仅提高了人们的生活质量，还激发出更多的消费需求，为经济增长提供源源不断的动力。例如，中国的京沪高铁，它的建设极大地缩短了北京到上海的时间，促进了沿线城市的经济发展。

"要致富，先修路"这句话道出了交通运输在经济发展中的重要地位。目前，我国的交通运输进入了新的发展阶段，正在为加快形成安全、便捷、高效、绿色、经济的综合交通体系而积极努力。

047 什么样的货物适合用飞机运输？

中国大飞机 C919

在日常生活中，我们经常会看到各种各样的交通工具在运输货物，比如火车、轮船、汽车等。那你知道什么样的货物适合用飞机运输吗？

飞机作为一种交通工具，具有独特的优势。首先，它可以在短时间内穿越长距离，让货物迅速抵达目的地。因此，对于那些急需送达、时效性要求高的货物来说，飞机运输是最合适的选择。比如，医生需要为病人进行紧急手术，如果所需药品或者医疗器械在外地，这时候就需要用飞机快速运输所需物品。

其次，飞机适合运输易腐、需要保鲜的货物，比如鲜花、水果、海鲜等，它们的新鲜程度直接关系到产品的质量和价格。飞机的高速特性使得这些货物能在最短时间内送达目的地，保证了它们的新鲜度。

最后，一些高价值、体积较小的货物也适合用飞机运输。例如贵重金属饰品、艺术品等，它们的价值很高，但体积并不大，通过飞机运输可以更加安全、快捷地送达目的地。

048 什么叫"立体交通网络"?

立体交通网络，顾名思义，就是在空间中纵横交错、多层次的交通网络。它包括地面交通、地下交通和高架交通等多种交通方式，可以帮助人们在城市里更加高效、快速地穿梭。

重庆立体交通网络

随着城市的发展，地面交通已经越来越拥挤，特别是在一些大城市，交通拥堵已经成为一个严重的问题。为了解决这个问题，人们需要在空间上进行合理布局，利用立体交通网络来提高出行效率。

立体交通网络有哪些组成部分呢？首先，我们可以看到高架桥、立交桥等位于地面上空的交通设施，它们可以帮助汽车快速穿行。其次，地铁、隧道等地下交通设施就像城市的地下脉络，让人们在地下也能畅行无阻。此外，城市中还有很多其他交通工具，如轻轨、火车、轮船等，它们为人们提供了更多的出行选择。

有了立体交通网络，我们的城市就像一座巨大的立体迷宫，人们可以在其中自如穿梭。就拿重庆这座城市来说，因为地形复杂，它的立体交通网络非常发达，被誉为"魔幻立体交通城市"。在重庆，你可以看到轻轨穿过楼房，还有航行在长江上的轮渡等，这些都是立体交通网络的一部分。

049 **铁路干线**是怎么命名的？

我们国家幅员辽阔，铁路纵横交织，连接着各个地区。为了规范铁路干线的命名，有关部门按照一定的方法对我国铁路干线进行了命名。

奔驰的高铁

首先，将接轨点附近城市的简称连缀为铁路线名是重要的铁路命名方式。例如，京哈线，就是连接北京（京）和哈尔滨（哈）两座城市的铁路干线。采用这种方式命名的还有包兰线、京广线、南昆线等。

其次，将铁路干线起讫点所在省区的简称连缀为铁路线名是另一种重要的铁路命名方式。例如，浙赣线就是取浙江（浙）和江西（赣）两省的简称连缀而来。采用这种方式命名的还有青藏线、湘黔线等。

现在，你是不是已经对铁路干线的命名方式有更清晰的了解了？希望下次乘坐火车出行时，你可以试着猜猜沿途铁路干线的名字，相信这会让你的旅途更加有趣！

050 "南稻北麦"是怎么回事?

"南人食稻,北人食麦"说的是中华大地上人们饮食习惯的南北差异。那这种差异是怎么形成的呢?

在日常生活中,虽然供人们食用的农作物种类众多,但因气候等的差异,各地适合种植的农作物是不一样的。也就是说,农作物的分布受气候影响较大。我国东部大致可以以秦岭—淮河线为界,划分为南方地区和北方地区。该线以南的南方地区,雨量充沛,热量条件较北方好,非常适合种植好暖、喜湿且单产较高的水稻,因此,南方人一直以大米及其制品为主食,如米饭、米糕、米团、米粉等。而该线以北的北方地区,降水相对较少,热量条件也较南方差,相对耐旱、耐寒的小麦成为人们种植的主要作物,人们也主要以面粉制品,如面条、馒头、饺子、大饼等为主食。

米饭

馒头

"南人食稻,北人食麦"与农业生产上的"南稻北麦"密切相关,所谓一方水土养一方人,讲的就是这个道理!

051 中国三大产棉区在哪里？

我国种植棉花的历史悠久，是世界上的产棉大国。棉花喜光照，同时具有较强的耐旱能力，对土壤的酸碱度适应性也较强，因此，黄河流域、长江流域、新疆等地都可以种植棉花，并形成了我国三大产棉区。

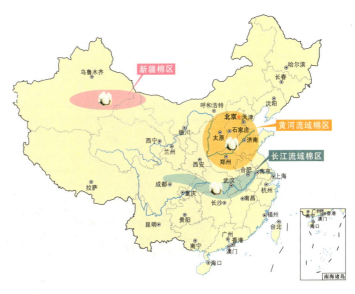

中国棉花产区分布图

新疆地处内陆，气候干旱，日照充足，土地面积较大，成为我国最大的棉区。截至2022年底，新疆棉花总产量、单产量、种植面积等多年位居全国第一，真可谓名不虚传！新疆主要出产长绒棉，纤维细长且强度高，以其纺织成的面料柔软、光滑、透气性好、耐磨损且不易褪色。

黄河流域棉区，位于河北、山东、山西、河南等地，这里雨季短，晴天多，日照充足，是我国传统的棉花产区。这里种植棉花的历史悠久，所产的棉花品质非常高，堪称棉花界的瑰宝！

长江流域棉区，包括湖南、湖北、江西、安徽等地，是中国的第二大棉区。这里的纬度较低，热量条件优越，比较适合种植棉花。不过，由于降水较多，这里的棉花品质相较于新疆棉区和黄河流域棉区略有逊色，但仍然具有很高的价值。

052 东北平原为何被誉为"大粮仓"?

东北平原位于我国东北部，是我国最大的平原。这里曾因纬度较高、气候寒冷、作物难以生长而被称为蛮荒之地。经过多年开垦，这里现在已经华丽蜕变成

东北平原

了"大粮仓"。为什么会有这样的变化呢？

首先，东北平原拥有得天独厚的自然条件。这里位于温带季风气候区，雨热同期，夏季雨量充沛，有肥沃的黑土，非常适宜农作物生长。

其次，人类的智慧和努力也是关键。在 20 世纪 50—60 年代，为了响应国家号召，数以万计的人们来到这片神奇的土地，开荒种地，改变了这里的面貌。

正是由于优越的自然条件和人类的智慧，东北平原逐渐成为国家粮食宝库。如今，东北平原的粮食产量约占全国粮食总产量的 20%，东北平原被人们称为保障国家粮食安全的"压舱石"和"定海神针"。

最后，由于东北平原环境优良，农作物受到的污染较少，因此，这里出产的农产品大多为绿色食品。这些绿色食品为我们的健康保驾护航，备受人们欢迎！

053 什么是温室农业？

温室里的蔬菜

新鲜的西瓜和葡萄你在冬天也能吃到，这要归功于温室农业的发展。温室农业就是人们通过人工保温设施（比如玻璃温室和塑料大棚）调节温度和湿度，让蔬菜和水果实现超季节甚至反季节生长。这种神奇的方法不仅可以让我们吃到各种美味的食物，还能充分利用土地资源。在温室内，人们巧妙地利用立体空间，将农作物种植在多层架子上，或者悬挂在天花板上。这样一来，同样的土地面积就可以生产出更多的农产品，真是一举多得！

还有一些温室有更高级的智能控制系统，可以自动调节温度、湿度和光照，让农作物生长得更好。这样的温室农业不仅可以提高产量，还能更好地保障食品的安全和质量。

总的来说，温室农业就像一个神奇的"魔法盒子"，可以让我们随时随地品尝到美味的蔬菜和水果。下次，你在冬天吃到新鲜的西瓜时，别忘了感谢温室农业带给我们的美味和惊喜！

054 什么是高新技术产业？

高新技术产业是指以高新技术为基础，从事一种或多种高新技术及其产品的研究、开发、生产和技术服务的企业集合。国家重点支持的高新

北京首钢园内的无人驾驶巴士

技术领域主要包括生物与新医药技术、电子信息技术、新材料技术、航空航天技术、新能源及节能技术等。

那么，高新技术产业有什么特点呢？

首先，高新技术产业具有高度的创新性。正如大树需要不断吸收阳光和水分才能茁壮成长一样，高新技术产业也需要不断吸收新的科技成果和人才来保持其竞争力。例如，在生物技术领域，科学家正在研究如何利用基因编辑技术来治疗遗传性疾病。未来，我们有可能通过基因编辑技术来预防疾病，从而过上更健康的生活。

其次，高新技术产业具有很强的区域集聚性。就像珍珠需要贝壳来孕育一样，高新技术产业也需要良好的创新环境和产业链来发展。因此，高新技术产业往往会集中在一些科技产业园区或高新技术产业开发区，如北京中关村、上海张江科技园、深圳南山科技园等。

最后，高新技术产业对地理环境和人力资源素质有很高的要求。高新技术产业的发展需要大量的科研投入、优秀的人才队伍和良好的政策支持。

055 中国最大的工业基地在哪里？

沪宁杭工业基地是我国最大的工业基地，位于长江三角洲地区，包括上海、江苏、浙江等地。在这片充满活力的土地上，各种高新技术产业如雨后春笋般崛起，为区域经济发展注入强劲动力。

中国主要工业基地分布图

沪宁杭工业基地的地理位置非常优越。它位于长江下游及入海口地带，长江为其带来丰富的水资源。高速公路和高速铁路则像这片土地上的大动脉，将经济发展所需的资源迅速输送到各个角落。

这个充满活力的地区有很多知名企业，它们用高科技让人们的生活变得更加美好。例如，上海的汽车制造业非常发达，许多高端汽车在这里诞生，为人们提供舒适的出行方式。此外，南京的电子产业非常发达，这里生产的电子产品极大地方便了人们的生活。

沪宁杭工业基地的发展离不开这里的优秀人才。这里有许多高等学府，每年都培育出众多的科技精英。这些人才用他们的智慧和勇气，为这片土地带来繁荣和希望。

沪宁杭工业基地作为中国最大的工业基地，见证着中国工业发展的辉煌成就，也一定会有更加光明的发展前景。

第五章

地理差异探秘

056 四大地理区域有什么特别之处呢？

按照地理位置、自然地理、人文地理的特点，可将中国划分为四大地理区域：北方地区、南方地区、西北地区和青藏地区。那么，这四大地理区域各自的特点是什么呢？

首先，让我们来看看北方地区。这里有沟壑纵横的黄土高原，富饶的东北平原和辽阔的华北平原等地形单元。这里冬季寒冷干燥，夏季炎热多雨。在北方地区，你能看到壮观的长城，它蜿蜒曲折，犹如一条巨龙横卧在大地之上。

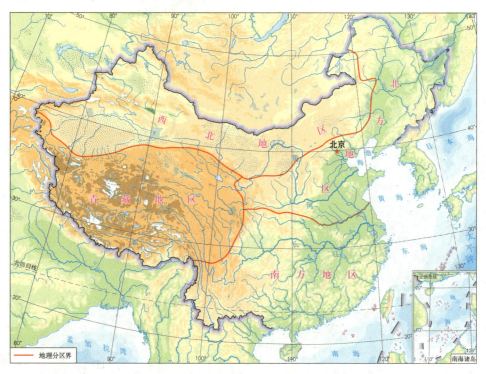

中国四大地理分区图

接下来，我们来到了南方地区。在这片多雨的土地上，稻田广布、茶园和竹林繁茂，勤劳的农民在这里创造出美丽的田园风光。南方地区还有世界著名的喀斯特地貌，千奇百怪的石头山高低错落，如同一幅神秘的水墨画卷。

随后，我们抵达了西北地区。这里地域辽阔，沙漠、戈壁和高原组成了一幅多彩的画卷。在这里，你可以看到奔腾的黄河，感受大漠孤烟的壮美，还可以欣赏著名的敦煌莫高窟壁画。途经西北地区的丝绸之路，曾经是古代东西方文明交流的重要通道，见证了无数可歌可泣的英雄故事。

最后，我们来到了青藏地区。这里是地球上海拔最高的地方，青藏高原被誉为"世界屋脊"。在这里，你可以看到雄伟的喜马拉雅山脉傲然矗立在大地之巅。青藏地区气候寒冷，很多地方不适合人类居住，却是野生动物的天堂。珍稀的雪豹、藏羚羊和野牦牛在这里自由驰骋。

057 四川人为什么喜欢吃辣?

　　四川地处我国西南地区,属于亚热带季风气候。这里的气候特点是空气湿度大、多云雾、少日照等。在这样的气候条件下,人们容易出汗,也容易感到闷热。

　　辣椒在这样的环境中就发挥了它神奇的作用。吃辣椒可以促使

火锅

身体出汗,让人感觉更加舒适。火锅是四川的传统美食,汤底通常非常辣,食材丰富多样。四川人喜欢聚在一起,围着一口热气腾腾的火锅,边吃边聊,感受食物带来的美妙滋味。

　　此外,四川四面环山的地形特点导致这里的冬天雾气较重,阳光照射时间较短。在这种情况下,吃辣椒可以帮助人的身体保持温暖。

　　值得一提的是，四川地区种植的农作物种类丰富，辣椒是其中的重要角色。四川人民世代种植辣椒，辣椒早已成为他们生活中的一部分，为他们的生活增添了无尽的美味。

　　其实，四川人并非只单纯地吃辣。四川人善于调配各种调料，将辣椒与花椒、八角、姜、蒜等巧妙地搭配在一起，从而形成了独特的四川口味。

058 "南甜北咸，东辣西酸"的口味差异是如何形成的？

每年端午节，网络上总会上演一场甜粽和咸粽之争：有人认为包着蜜枣的粽子应蘸着白糖吃；也有人认为加入五花肉、咸蛋黄等的粽子有更丰富的味觉体验。可见，广袤的中国大地上饮食文化的差异很大。有人用"南甜北咸，东辣西酸"来形容中国各地人们的口味，那这种口味差异是如何形成的呢？

广东菜

"南甜北咸"主要是由气候条件的差异而形成的。南方种植的糖料作物主要为甘蔗，而北方种植的糖料作物主要为甜菜。南方甘蔗的产量远超北方的甜菜，而且南方的制糖技术较为领先，因此南方人逐渐养成了喜甜的口味。北方由于秋冬气温低，蔬菜难以生长，于是用腌制的方法来延长蔬菜的保质期，腌酸菜、咸菜等相继出现，北方逐渐形成偏咸的饮食习惯。

东北菜

　　"东辣"主要是指湖南、江西、贵州、四川等地的人们喜食辣椒，这些地区气候较为湿润，晴天较少，吃辣有利于驱寒祛湿。"西酸"则以山西最为典型，山西人爱吃醋，这是因为当地的水土中含有大量的钙，因而食物中的钙含量也较多，容易在体内形成结石，在食物中添加醋有利于减少结石的形成。

　　随着交通条件的改善和科技的进步，东南西北的人们互通往来，五湖四海的口味得以相互融合。现在，我们可以在自己的城市里吃到其他地方的美食，这极大地丰富了我们的饮食种类，也让我们更深刻地体会到祖国各地丰富多彩的饮食文化。

第六章

北方地区

059 大庆油田是如何发现的？

20世纪初，美国美孚石油公司多次来到我国进行勘探，但一直未能寻得有开采价值的油田，于是"中国贫油论"这一论调在国际社会上广泛传播。我国地质学家并不这么认为，他们怀着极大的爱国热情日夜探索。李四光等提出了陆相成油理论，并指出三个可能性最大的含油区，其中就包括东北平原。正是在这里，一场寻找石油的大会战就此拉开序幕。

在辽阔的东北平原上，一支编号为"32118"的钻井队肩负起全国人民的希望，来到这片黑土地上，为寻找石油而战斗。背井离乡的他们日夜劳作，在冰天雪地里，用肩膀扛起沉重的钻机，将其矗立在东北

大庆油田

平原之上。经过艰辛的努力，最终在1959年9月26日，松基三井里一股黑稠的液体在一声巨响后喷涌而出，大庆油田从此诞生。它的发现及时地为我国的工业"加油"，让我国彻底摘下了"贫油"的帽子。

如今的大庆油田石油储量超过12亿吨，一排排抽油机在东北平原上持续运转，源源不断地为我国输出优质原油。大庆油田就像一颗落在东北地区的明珠，让我们看到了东北地区的独特魅力。

060 "东北三宝"是哪三宝？

　　说起东北特产，就一定要说一说"东北三宝"了。"东北三宝"有新旧两个版本。人参、貂皮、鹿茸是"东北新三宝"；人参、貂皮、乌拉草是"东北旧三宝"。

　　"东北三宝"之一的人参俗称棒槌，也称神草、地精等。其根部肥大，常有分叉，全貌很像人的身躯。人参具有补气、安神等功效，又被称为"百草之王"。然而，野生人参的数量十分稀少且生长极为缓慢，民谚中常说人参"七两为参、八两为宝"，可见人参的珍贵。

人参

　　貂皮是紫貂的皮毛，毛色多为浅黄褐色至深褐色，皮质结实，绒毛丰厚，保暖隔热效果好，素有"裘中之王"之称。以前，每一件貂皮大衣的制成都意味着几头紫貂的死亡。但是现在，东北地区已形成相对成熟的紫貂养殖产业，取得了不错的经济效益。

紫貂

　　鹿茸是"东北新三宝"中的成员，它实际上是雄性梅花鹿或马鹿等的尚未骨化的幼角。这些幼

鹿茸

角覆盖着茸毛，富含多种氨基酸、多糖和激素等。在中医学中，鹿茸被认为具有延缓衰老和提高免疫力等多种功效。由于其高昂的价格和稀缺性，鹿茸也被视为一种珍贵的药材和补品。

"东北旧三宝"中的乌拉草为何会被"东北新三宝"中的鹿茸取代呢？原来乌拉草的叶片细长柔软，纤维坚韧，不易折断。另外，它还具有较好的保暖性，在人们生活中应用广泛。以前，每到秋天，勤劳的东北人便会从山上割下乌拉草，将其晒干后制成草鞋和床垫等，以帮助熬过寒冷的冬天。现在，东北人的取暖方式有了很大改进，乌拉草制成的草鞋等也就成了旧时的记忆。

如今，东北地区的人们因地制宜，建设了人参种植基地和紫貂人工养殖基地，"东北新三宝"的生产正朝着更加规模化、科学化的道路迈进。

061 五大连池是怎么形成的?

五大连池坐落在中国黑龙江省的五大连池市。由火山活动和自然演变共同塑造的这一系列湖泊,各自独具魅力,如同一串镶嵌在大地上的蓝宝石。那么,五大连池是怎么形成的呢?

五大连池

清朝康熙年间,五大连池一带有火山喷发,火山喷发产生的玄武岩流冲出地表并向四方漫流,阻塞了白河河道,被阻塞的河段水量不断增加,逐渐形成了五个堰塞湖。它们自南向北分别为头池、二池、三池、四池、五池,它们就像五颗连在一起的蓝宝石。头池被称为莲花湖,因为这里是五大连池中唯一有睡莲的湖泊;二池也被称为燕山湖,是远近闻名的天然养殖场,渔产丰富;三池又叫白龙湖,这里流传着许多民间传奇故事,是最神秘的池子;四池又名鹤鸣湖,其以苇塘观鹤和环境幽静而闻名。远眺五池,它就像一支"玉如意"静静卧在山间,因此得名如意湖。

五大连池诞生于火山喷发,历经岁月变迁,虽然当年的喷发盛况难以复现,但山巅的火山口和姿态各异的熔岩洞穴都在述说着曾经的故事。

062 漠河为什么被称为"不夜城"？

说起"不夜城"，你的脑海里会闪过哪些城市呢？是到了晚上火锅店依然忙碌的重庆，还是黄浦江两岸灯火闪耀的上海？这两座城市都有着丰富多彩、热闹鲜活的夜生活。此外，我国还有一座字面意义上的"不夜城"——漠河。

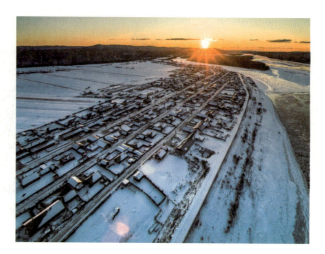

漠河

黑龙江省漠河市是我国最北边的城市，又被称为中国"北极"。每年的夏至日，漠河北极村的人们会共同欢度一个特别的节日——夏至节。夏至日这一天，凌晨 3 点钟左右太阳就迫不及待地从地平线上升起，照耀漠河接近 17 个小时，直到晚上 8 点多才落下。不仅在夏至日，在整个夏季，太阳都十分勤劳，每天早早升起，迟迟落下，因此漠河夏季的白天特别长，夜晚却尤其短暂。相比夜晚依靠人工灯光照明的重庆和上海，依靠太阳照明的漠河才是真正的"不夜城"。

"日长长到夏至，日短短到冬至。"在冬季太阳就显得"懒惰"了，因为此时的漠河长时间被黑夜笼罩着。如果运气足够好，在漠河漫长的冬夜里，你有可能观赏到神奇而又绚丽的北极光。

063 哈尔滨冰雪节有哪些好玩的活动？

东北的冬天不仅寒冷，而且漫长。你知道吗？在这个被大雪覆盖的季节里，哈尔滨冰雪节已经成为一场盛大的冬季狂欢盛宴。那么，哈尔滨冰雪节都有哪些好玩的活动呢？让我们一起去探寻吧！

首先，我们来说说冰雕。冰雕是哈尔滨冰雪节的一大特色。大自然赐予了东北地区充足的冰雪，而东北人民则用他们的智慧和创意，将洁白无瑕的冰块雕刻成各种美丽的形态。这些冰雕作品如同冰雪中的璀璨明珠，为东北寒冷的冬季增添了无尽的魅力。在哈尔滨冰雪节期间，你可以近距离欣赏冰雕，沉浸在人工打造的冰雪童话世界里。

哈尔滨冰雪大世界

其次，冰灯在哈尔滨冰雪节期间也非常受欢迎。当夜幕降临，华灯初上时，各种造型的冰灯将城市点缀得绚丽多彩。这些冰灯不仅是单纯的雕塑，还融入了现代科技，通过灯光、音乐等元素，营造出梦幻绚丽的视听盛宴。

此外，滑雪也是当地人非常喜欢的一项体育活动。冬季，这里降雪充足，积雪厚度适中，非常适合进行滑雪运动。在哈尔滨冰雪大世界滑雪场，你可以尽情体验雪地飞驰的快感。

当然，除了以上这些活动，哈尔滨冰雪节期间还有很多其他精彩的表演和活动，比如冬泳、雪地足球、雪人制作比赛等。这些活动充分展示了东北地区特有的冰雪文化。

064 为什么窑洞冬暖夏凉？

在陕西和山西等地，有一种神奇的建筑——窑洞，它冬暖夏凉，为人们提供了舒适的生活空间。那么，窑洞为什么具有这样神奇的功能呢？

窑洞冬暖夏凉的秘密就藏在它的

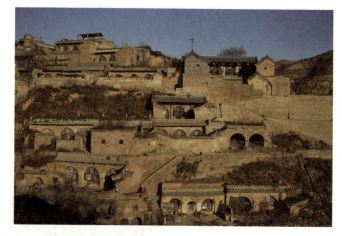

窑洞

建筑材料和结构中。窑洞的墙体和地面用当地的黏土和石头等天然材料制成，这使得窑洞具有很好的保温性能。夏天，窑洞内部温度比外面低；冬天，窑洞内部温度则比外面高。无论夏天还是冬天，窑洞都能给住户提供温度适宜的居住环境。窑洞的顶部通常呈拱形，这种结构能有效地增大室内空间，也能使窑洞更加稳固。

还有一个很有意思的现象，窑洞内的空气湿度相对适中。这是因为黄土具有很好的透气性，能在不同季节自动调节窑洞内的湿度。

总之，窑洞之所以冬暖夏凉，得益于它独特的建筑材料和结构设计等。这些巧妙的设计让窑洞成为节能、环保、舒适的住所。窑洞是一种人与大自然和谐共生的民居形式，充分展示了当地人的智慧。

065 为什么历史上很多朝代选择在北京建都?

故宫

北京是一座历史悠久的城市，有3000多年建城史，800多年建都史。北京如此受到古代统治者的青睐，其中的原因有哪些?

首先，从地理位置上看，北京位于华北平原的北部，这里地势平坦，便于发展农业生产；同时，北京又靠近山脉，为城市防御提供了天然屏障。

其次，北京拥有相对丰富的水资源。北京的西侧和北侧有众多山脉，河流从山间顺流而下，为北京提供了充足的水源，满足了人们的生活和生产需求。比如，颐和园中的昆明湖等著名景点就是充分利用这里的水资源建设而成的。

除此之外，北京的历史底蕴也非常深厚，拥有众多的文化景观，如故宫、长城等，这些都是展示北京悠久历史和灿烂文化的重要遗产。

总之，北京以其优越的地理位置、相对丰富的水资源和悠久的历史文化等，深受人们青睐。人们一代又一代的营建修整，共同塑造了如今这座古老而繁华的大都市。

066 北京的四合院有什么特点？

四合院是北京的传统民居，它的布局特点是围绕院子，四边布置堂屋、住房和厨房等。一般门窗开向院子，对外不开窗。这小小一方天地，承载着北京丰富的历史和文化。

四合院

首先，四合院的布局非常讲究。东西两侧的房子叫作"厢房"，南边的房子叫作"倒座房"，北边的房子则叫作"正房"。正房一般是家中长辈居住的地方，地位最高；而厢房和倒座房则是晚辈或仆人居住的地方。这种布局反映了中国古代尊卑有序的家庭观念。

其次，四合院的建筑风格具有鲜明的地域特色。在北京，四合院的房顶多为坡屋顶，翘角飞檐，形成了独特的风景。这种建筑风格不仅美观大方，而且能够很好地抵御风雨。此外，四合院的院墙采用青砖砌筑，给人一种沉稳古朴的感觉。

再次，四合院中的绿植和装饰也别具一格。四合院的院子里往往种满了各种花草树木，如海棠、石榴等，既美化了环境，又能降温遮阳。而门窗、砖雕、木雕等装饰品则展示了主人的品位和身份。

最后，北京位于华北平原的西北部，冬天寒冷干燥。四合院的房屋紧密相邻，院墙较高，形成了一个相对封闭的空间。这种布局既能够抵御北风，又有利于保持室内温度。

067 为什么说洛阳是 "牡丹之都"?

河南省洛阳市有"牡丹之都"的美誉。每年春天，这里的牡丹盛开之时，会吸引无数游客前来欣赏。那么，为什么洛阳会被称为"牡丹之都"呢？

首先，洛阳的地理位置优越，气候适宜。洛阳位于我国中部地区，属于暖温带大陆性季风气候。这里四季分明，春秋温和，冬季寒冷，夏季炎热。这种气候条件正好适宜牡丹的生长，为牡丹提供了一个理想的"家园"。

洛阳牡丹

其次，洛阳的土壤肥沃，有利于牡丹的生长。洛阳地处黄土高原东南边缘，土壤肥沃且黏性较大，这对牡丹生长十分有利。另外，研究人员发现这里的土壤中锰、铜、锌等元素的含量明显高于其他地区，可以为牡丹的生长提供充足的养分。

再次，洛阳有着栽培牡丹的悠久历史。据记载，洛阳栽培牡丹的历史已有 1500 多年。洛阳是中国历史上多个朝代的都城，这里的宫殿、庙宇和园林中都种有大量的牡丹。此外，古代诗人的赞美也为洛阳的牡丹增色不少，使其名声传遍天下。

为了弘扬牡丹文化，洛阳市每年都会举办盛大的洛阳牡丹文化节。节日期间，游客可以欣赏到颜色和形态各异的牡丹，如洛阳红、姚黄、豆绿、青龙卧墨池等，这些牡丹为人们带来了一场视觉盛宴。

最后，洛阳市还致力于牡丹的科研、保护和推广工作。这里的洛阳牡丹园是中国最大的牡丹种植基地之一，已经成功培育出了数百个牡丹新品种。在这片牡丹花海中，游客可以近距离观赏牡丹的风姿，还可以了解牡丹的种植技术和文化内涵。同时，洛阳牡丹园还开展了与国内外牡丹种植机构的合作，共同推动牡丹种植产业的发展。

除了美丽的牡丹，洛阳还拥有丰富的人文景观。在这里，你可以游览龙门石窟、关林、白马寺等著名景点，感受这里的厚重文化底蕴。同时，你还可以品尝到地道的洛阳水席、羊肉汤和烩面等美食，体验当地的传统饮食文化。

068 为什么山海关被称为"天下第一关"?

河北省秦皇岛市有一座雄伟壮观的古代关隘——山海关。它建于明洪武十四年（公元1381年），被人们誉为"天下第一关"，在历史上具有举足轻重的地位。

山海关

为什么山海关会被称为"天下第一关"呢？

首先，山海关所处的地理位置十分优越。明朝时，山海关是连接中原地区和东北地区的唯一通道，具有重要的战略地位。当时的统治者为了加强山海关的防御能力，投入了大量的人力、物力和财力，使其成为长城沿线最为坚固的关隘。

其次，山海关的地形、地貌对于防御敌人具有天然的优势。它南临渤海，北靠角山，地势险要，易守难攻。这里山峦起伏较大，河流湍急，自然环境恶劣。敌人要想攻破山海关，必须在这片艰险的地形中穿行，这无疑增加了战斗的难度。

最后，山海关的建筑规模和军事设施在当时也是独一无二的。它城墙高大，关门坚固，烽火台、瞭望台等设施一应俱全。在古代战争中，山海关曾多次成功抵御外敌的侵袭。

除了具有极高的军事价值，山海关还是一个有着厚重人文历史的地方。戚继光、魏源等都在这里留下了脍炙人口的诗篇。

069 长城为什么是中国的象征?

长城就像一条巨龙蜿蜒在中国的土地上，是中华民族的骄傲和国家的象征。它体现了中国古代劳动人民的智慧和力量。那么，为什么长城会成为中国的象征呢?

长城

首先，长城是人类建筑史上的奇迹。长城是中国也是世界上修建时间最长、工程量最大的古代防御工程。在古代，勇敢的劳动者冒着生命危险翻山越岭、披星戴月地修建长城。正是这些劳动者，用他们的汗水和智慧，将长城一砖一瓦地建起来，创造了人类建筑史上的奇迹。

其次，长城是中华文化的象征。许多文人墨客都以长城为题材，留下了众多传世之作。这些作品赞颂了长城的壮美，讴歌了中华民族的坚韧精神。如今，长城已经成为中国文化的一张名片，让全世界了解到中华文化的博大精深。

最后，长城是世界文化遗产。作为世界文化遗产，长城吸引着世界各地的游客。它让世界瞩目，是中国的国际名片，在人类文明中有着重要的地位。

总之，长城是中国的象征，它凝聚了中华民族的智慧与力量，展示了中国卓越的建筑成就和独特的文化内涵。

070 为什么说秦皇岛是 "山海之城"？

河北省东北部有一座美丽的城市，那里山峦叠翠，海水碧蓝，被人们称为"山海之城"，这就是秦皇岛。为什么人们会称秦皇岛为"山海之城"呢？

北戴河

首先，从地理位置上看，秦皇岛位于华北平原东北部，东南临渤海，西北靠燕山。在这里，山海相映成趣，为这座城市增添了无尽的魅力。

其次，秦皇岛的地形地貌复杂多样。在这里，你可以欣赏到山地、丘陵、平原和海岸地貌等丰富的地理景观。

再次，秦皇岛的自然景观丰富多样。这里有著名的北戴河、鸽子窝公园等旅游胜地，吸引了无数游客，让人们领略到"山海之城"的魅力。在这里，你可以看到壮观的日出、日落景观，欣赏到绝美的山海风光。

最后，秦皇岛有着深厚的历史文化底蕴。传说，秦始皇曾东巡至此，派遣方士到海外寻找长生不老的仙药，从而赋予了这座城市独特的名字。这里不仅有秦皇行宫的沧桑遗迹，还有山海关、孟姜女庙和韩文公祠等丰富的人文古迹。在这里，每一寸土地都仿佛在诉说着一段古老而又引人入胜的故事。

总之，秦皇岛之所以被称为"山海之城"，源于其得天独厚的地理位置、多样化的地形地貌特征、丰富的自然景观，以及深厚的文化底蕴。在这里，大自然与人类共同谱写了一曲美丽的山海之歌。

第七章

南方地区

071 杭州为什么自古就被称为"人间天堂"？

　　白居易一句"江南忆，最忆是杭州"体现出他对杭州的偏爱。柳永对杭州的印象则是："东南形胜，三吴都会，钱塘自古繁华"。在很多人眼里，杭州是一个充满诗情画意的城市。那为什么杭州会深受人们的青睐呢？

杭州

　　首先，杭州拥有美丽的自然和人文风光。西湖是杭州最著名的景点。西湖的四季皆有不同的魅力：春日的苏堤春晓、夏日的曲院风荷、秋日的平湖秋月、冬日的断桥残雪。除了西湖，杭州还有雷峰塔、灵隐寺、宋城等名胜古迹，它们使这座城市充溢着自然与人文的风采。

　　其次，杭州是一座文化底蕴深厚的城市。杭州有8000多年文明史和2200多年建城史。早在唐宋时期，杭州的经济就十分繁荣了，

西湖

素有"鱼米之乡""丝绸之府"等称号。悠久的历史孕育了许多富有地方特色的美食，如糯米藕、西湖醋鱼、东坡肉等。

最后，和谐共生的生动实践为杭州增色不少。这座城市以其包容与和谐的精神，构筑起人与人之间彼此尊重、和谐相处的环境。在这里，行人过斑马线的礼让率高达 93.91%。2014 年杭州被《财富》杂志评选为"中国最适宜退休的城市"。

如今的杭州逐渐开始走向国际舞台。这座城市不仅成功主办了 2016 年的 G20 峰会，还在 2023 年 9 月主办了亚洲运动会，展示了其在国际社会中的重要地位。

072 钱塘江大潮什么时候看最壮观?

每年中秋节前后,浙江海宁一带的岸边就会人山人海,人们正在等待一场澎湃汹涌的水上奇观——钱塘江大潮。"钱江秋潮"在古代就已闻名天下,无数文人

钱塘江大潮

墨客为之惊叹,并留下了许多赞美的诗歌。李白在《横江词六首·其四》中感慨道:"浙江八月何如此,涛似连山喷雪来。"刘禹锡则在《浪淘沙九首·其七》中写道:"八月涛声吼地来,头高数丈触山回。"苏轼在《催试官考较戏作》中称赞其:"八月十八潮,壮观天下无。"可见,他们都选择了在八月观潮。那么,为什么八月的潮水最大呢?

钱塘江大潮是一种潮汐现象,是海水受到月球和太阳的引力而出现的周期性涨落现象,人们把吸引海水涨潮的力称为引潮力。每逢农历八月十五前后,太阳、月球、地球几乎在一条直线上,此时海水受到的引潮力最大,大量潮水从钱塘江口涌进来。杭州湾至钱塘江口外宽内窄,口大肚小,潮水溯江而上涌入越来越狭窄的河道,后浪赶前浪,一浪盖过一浪,层层相叠,水位暴涨。此外,八月的钱塘江水量丰沛,江面上东南风盛行,借助风的威力,江水造就了壮观的钱塘江大潮。

073 为什么说鄱阳湖是"候鸟天堂"?

鄱阳湖位于我国江西省北部，是我国第一大淡水湖，被誉为"候鸟天堂"。鄱阳湖为什么会获得这种赞誉呢？

首先，鄱阳湖的地理位置优越。鄱阳湖位于长江流域的中下游地区，地处亚洲东南部和南部的候鸟迁徙线上，是众多候鸟迁徙过程中的重要中转站，为候鸟提供了一个暂时歇脚的地方。

鄱阳湖候鸟

其次，鄱阳湖的生态环境良好。鄱阳湖面积广阔，水域面积最大可达3283.4平方千米。湖中有众多鱼类和水生植物，为候鸟提供了充足的食物来源，保证了候鸟在长途迁徙过程中的能量补给。同时，湖边植被茂盛，有众多芦苇和水草，为候鸟提供了良好的栖息环境。

最后，鄱阳湖的气候条件十分适合候鸟栖息繁衍。这里秋冬季节较温暖，为候鸟提供了舒适的生活环境。

鄱阳湖作为"候鸟天堂"，每年吸引60多万只候鸟前来，其中包括白枕鹤、白鹤、白头鹤、灰鹤等珍稀鸟类。这些漂亮的鸟儿在湖畔翩翩起舞，成为鄱阳湖的一道美丽的风景线。

鄱阳湖不仅是候鸟的天堂，也是人们生产生活的重要场所。鄱阳湖丰富的水资源滋养了周边的土地，使得农业生产得以蓬勃发展。这里盛产水稻、莲藕等作物，是南方的重要粮仓。此外，鄱阳湖丰富的鱼类资源为当地渔民提供了稳定的收入来源，同时也为广大消费者带来美味的食物。

然而，随着人类活动的增多，鄱阳湖的生态环境正面临着严重的威胁。过度捕捞、水污染、湿地退化等问题日益严重，候鸟的生存环境受到了极大的影响。因此，保护鄱阳湖的生态环境，让"候鸟天堂"永续发展，已成为摆在人们面前的一项重要任务。

074 三清山 美在哪里？

三清山位于江西省上饶市境内，被誉为"西太平洋边缘最美丽的花岗岩"。那么，三清山到底美在哪里呢？

在三清山，你可以欣赏到奇峰异石，如剑指

三清山

苍穹的尖峰，巨石叠立的石阵，以及千姿百态的石柱。这些美丽的景观都是大自然的杰作，令人叹为观止。

三清山不仅以其奇特的地貌吸引着游客，还以其多样的生态和丰富的植被而闻名。在三清山，你可以看到茂密的林木、清澈的溪流和各种野生动植物。这里的生态环境维持得很好，为人们休闲游览提供了天然氧吧。

三清山还有着悠久的历史和文化底蕴。三清山是道教名山，这里的道教文化源远流长。在这里，你可以参观道观，如三清宫等。这些古迹见证了三清山在中国文化史上的重要地位。

当你漫步在三清山的林间小道时，仿佛置身于一个自然的美术馆。在这里，你可以捕捉到地球漫长历史中的每一个瞬间，感受大自然的神奇魅力。这座千姿百态、充满神秘色彩的大山，无疑是旅行爱好者的绝佳去处。

075 为什么说长江中下游平原是"鱼米之乡"?

为什么说长江中下游平原是"鱼米之乡"呢?

首先,长江中下游平原有着优越的气候条件。长江中下游平原处于亚热带季风气候区,四季分明,雨水充

长江中下游平原

沛,阳光适中。这些条件非常适合水稻和其他农作物的生长。

其次,长江中下游平原有着丰富的水资源。这里河网密布,湖泊众多,有太湖、洞庭湖等。这些湖泊为农田提供了充足的灌溉水源,同时也为鱼类和其他水生生物提供了优越的生存环境。

最后,长江中下游平原土壤肥沃。这里的土壤主要是由长江及其支流挟带的泥沙,在地势较低处沉积而成。土壤中富含有机质和矿物质,非常有利于农作物的生长。

因此,长江中下游平原被誉为"鱼米之乡"。这里绿油油的稻田与蓝天白云构成了一幅幅美丽的田园画卷。

076 是"梅雨"还是"霉雨"？

初夏时节，当南方的暖湿气流和北方的冷空气在长江中下游地区相遇，一场冷暖空气的攻防"拉锯战"就此展开。由于冷暖空气双方势均力敌，因此就出现了降水量较大、次数频繁的阴雨天气。因此时

梅雨季节下雨较多

正值江南梅子的成熟期，故这样的天气被称为"梅雨"。

通常，梅雨在6月上旬到中旬开始，7月上旬到中旬结束，但在具体年份，梅雨开始和结束的时间会有变化。有的年份梅雨开始得很早，在5月就到来，称为"早梅雨"；有的年份梅雨姗姗来迟，6月下旬以后才来，称为"迟梅雨"；有的年份梅雨期特别长，容易造成洪涝灾害，称为"特长梅雨"；有的年份梅雨期只有几天甚至没有，就会出现干旱，称为"空梅"。

南宋诗人赵师秀在《约客》中写道："黄梅时节家家雨，青草池塘处处蛙"，这首诗生动地描绘了梅雨季节的景象。"雨打黄梅头，四十五日无日头"，梅雨控制下的长江中下游地区潮湿多雨，气温很高。闷湿的环境是霉菌的"温床"，它们疯狂生长在衣服和家具上，俗称"长毛"。所以，人们也将梅雨称为"霉雨"。此外，连绵的阴雨天气容易使人心情低落，所以梅雨季节可以听听音乐，多和家人朋友在一起，给心灵去一去"霉"！

077 台湾岛为什么被称为"宝岛"？

台湾岛东临太平洋，西隔台湾海峡与福建相望，一直被人们称为"宝岛"。

从台湾岛的地理环境来说，台湾岛属亚热带季风气候和热带季风气候，四季分明，阳光充足，雨量充沛，这为台湾岛的农业发展提供了得天独厚的条件。正是由于这样的气候特点，台湾岛成为富饶的"鱼米之乡"。

日月潭

台湾岛的农产品丰富多样，尤以水果、稻米和茶叶等为代表。你如果吃过台湾岛香甜多汁的芒果、美味可口的凤梨和口感独特的柚子，一定会口中留香，难以忘记。台湾岛的稻米极具特色，台湾香米深受人们喜爱。另外，台湾岛出产的高山茶和东方美人茶等也享誉世界。

此外，台湾岛的地貌特征也独具魅力。台湾岛西部为平原，中东部为山地，风景如画。这里有雄伟的玉山、秀美的阿里山和风光独特的日月潭，这些风景名胜吸引着世界各地的游客。在这里，你可以欣赏自然美景，体验山水间的独特韵味。

台湾岛不仅拥有美丽的自然景观，还有着深厚的历史底蕴。这里的各种民俗文化、宗教信仰和美食佳肴，更为这座宝岛增添了独特的魅力。

在台湾岛的城市和乡村，你可以看到古老的庙宇、闽南风格的古厝和传统市集等人文景观。同时，台湾岛的民间艺术也是一大看点。这里有独具特色的布袋戏、歌仔戏等表演艺术形式。

台湾岛的美食令人垂涎欲滴。从小吃摊到高档餐厅，从传统菜肴到创意料理，台湾岛的美食可以说是五花八门。在这里，你可以品尝到地道的台湾美食，如蚵仔煎、卤肉饭、肉圆、三杯鸡和牛肉面等。这些美食不仅味道鲜美，还融合了台湾岛的地域特色和历史文化，让人印象深刻。

总之，台湾岛被称为"宝岛"，与其得天独厚的气候条件、丰富的农业资源、美丽的自然风光和深厚的文化底蕴等密切相关。台湾岛如一颗璀璨的宝石，镶嵌在中国的东南角，闪耀着迷人的光芒。

078 广州为什么又叫"羊城"?

在广州，关于羊的元素随处可见。广州人见面打招呼会说："今晚吃咩啊？"其中的"咩"就是"什么"的意思；广州人看报纸看的是《羊城晚报》；广州人乘坐地铁要开通"羊城

广州五羊石像

通"；甚至连广州举行的第16届亚洲运动会会徽图案和吉祥物也采用了羊的形象。广州人为何如此钟爱羊？"羊城"的称呼又是从何而来呢？这还得从一段神话故事说起。

相传大约在周朝时，楚庭（今广州）多年遭受自然灾害，田野荒芜，人们辛勤劳作却难得温饱。直到有一天，空中出现五朵彩色祥云，祥云上有五位仙人，他们身穿彩衣，骑着五只仙羊。仙羊口中各衔一棵一茎六穗的稻子，仙人把优良的稻穗赠给人们，随后腾空飞去，而五只仙羊则化为石羊留在了楚庭的一处山坡上。从此，楚庭稻穗飘香，年年丰收，成为岭南最富庶的地方。当时的先民为了纪念仙人的恩德，专门修建了一座五仙观，五仙观大殿内有五仙和五羊的塑像。

如今的广州勇立潮头，在走向高质量发展的道路上，就像一只"领头羊"，昂扬地走向世界，逐梦世界舞台。

079 红艳艳的丹霞山是怎么形成的?

说到山,你会想到什么颜色?绿色还是土黄色?在广东省韶关市仁化县境内却有一座红艳艳的丹霞山,它"色如渥丹,灿若明霞"。为何一座山会呈现红色呢?丹霞山的形成究竟有何奥秘?

丹霞山

原来丹霞山是由一层层红色沉积岩形成的。亿万年前,丹霞山所在地区曾经是盆地等低洼区域。由于地势较低,流水或大风挟带的大量泥沙、砾石沉积在盆地中,它们随着时间的积累层层堆积,沉积物中的铁发生强烈氧化作用,生成了大量的红色氧化铁,逐渐演化形成红色的岩层。此时,充满红色岩层的盆地地势较低,想要变成陡峻的丹霞山还离不开造山运动。受造山运动的影响,红色岩层逐渐抬升,鲜艳的红色岩层在流水、风等外力作用影响下,逐渐演化成如今的丹霞山。

其实丹霞地貌的演化是有阶段性的,它的演化过程可分为青年期、壮年期、老年期三个阶段。不同阶段的丹霞地貌形态不同,广东丹霞山目前正处于壮年期晚期。在中国,丹霞地貌有 1000 多处,江西龙虎山、浙江江郎山、贵州赤水等地的丹霞地貌各具特色,你有机会就去看看吧!

080 红树林是红色的吗?

在我国的东部沿海地区,有这样一种植被类型——红树林,它们常年生长在高盐度的海岸泥滩中,形成一片海岸森林。它们能够防风固堤,消减海浪,如同"海岸卫士"般守护着沿海人民的安全!

红树林

红树林是自然界中一种非常奇特的生物群落,为了适应潮间带的环境,它们掌握了许多本领。例如,许多真红树植物掌握了"胎生"的本领,果实的种子早在树上就萌发了,脱落后便能快速扎根滩涂,避免受到潮水的冲刷;为了吸收淡水,所有的红树林植物都有"拒盐"的本领,它们的身体就像一个海水淡化器,通过盐腺泌盐、落叶脱盐等方式,将体内多余的盐分排出去。附着在其叶面表层的白色晶体就是盐分。

红树林的神奇之处还在于虽然它看起来和陆地上的森林一样是绿色的,但是当树皮被划开时,内里却呈现红色。这是因为红树林的树皮里富含单宁酸,当树皮被划开时,单宁酸遇见空气就会变红,红树林也因此得名。近 10 年来,由于人类围海造地、围海养殖、过度砍伐等行为,红树林遭受到不同程度的破坏。保护红树林,迫在眉睫!

香港为什么被称为"东方明珠"?

081

香港位于我国东南沿海，是一座闻名遐迩的国际大都市。它被誉为"东方明珠"，不仅因为其地理位置优越，还因为其独特的历史背景、繁荣的经济、多元的文化和美丽的风景。

首先，从地理位置来看，香港地处珠江三角洲南部，东南临南海，西濒珠江口。这里的海岸线曲折蜿蜒，形成了多处天然良港。这种得天独厚的地理条件，使香港成为重要的海上交通枢纽，吸引了全球各地的目光。

香港夜景

其次，香港的历史背景使其成为中西文化交融的一个典范。这座城市既有中华文化的传统底蕴，又有西方文明的现代气息。1997年7月1日，香港这个沦落在外的游子，历经沧桑后，终于回到了祖国母亲的怀抱！中国政府于 1997 年 7 月 1 日恢复对香港行使主权，成立了香港特别行政区，实行"一国两制"政策。

再次，香港作为国际金融、贸易、信息服务和航运中心，经济十分繁荣。这里高楼林立，霓虹闪烁，展现出一派繁华的现代都市景象。香港的文化多元，这里聚集了世界各地的艺术家和文化团体，使这座城市充满了活力和创意。

最后，香港的自然风光也同样为人称赞。在繁华的市区之外，香港还有许多美丽的郊野公园，为人们提供了休闲和活动的好去处。香港的夜景更是世界闻名。从太平山顶眺望维多利亚港，整座城市的灯光如璀璨的明珠，闪耀在夜空之中。

在香港，你还可以品尝到世界各地的美食，感受这座城市的独特风味。从传统的茶餐厅到米其林星级餐厅，香港的美食文化融汇了东西方美食的精华，为食客们带来无尽的惊喜。

总之，香港这座城市是现代与传统、东方与西方完美结合的典范。随着粤港澳大湾区的建设，香港的明天会更加美好！

082 为什么说海南岛是度假胜地？

海南岛位于我国的南部，是许多人心中理想的度假胜地。那么，是什么让海南岛如此吸引人呢？

首先，海南岛的地理位置非常独特。它大致位于北纬 18° 至北纬 20° 之间，属热带季风气候，一年四季阳光充足，雨水充沛。

其次，海南岛的自然景观丰富多样。这里有亚龙湾、天涯海角等景区，碧波荡漾的海水让人流连忘返。此外，海南岛还有我国著名的国家公园——海南热带雨林国家公园。这些都为游客提供了丰富的旅游体验。

海南风光

再次，海南岛的海洋资源丰富。海南岛四面环海，海域面积广阔，拥有众多海洋生物，如海龟、海蛇、水母等。这些海洋生物为海南岛增添了无尽的魅力，使得水肺潜水、浮潜等活动开展得如火如荼。

　　最后，海南岛的人文景观也很有特色。这里有悠久的历史文化传统，如当地人古老的晒盐工艺等；还有独特的民族风情，如苗族"三月三"歌节等。这些人文景观为海南岛增添了独特的韵味，使之成为一个既具有自然美景，又富有人文底蕴的度假胜地。

　　在这里，你可以漫步在阳光明媚的海滩上，感受热烈的阳光和清凉的海风；可以探索神秘的热带雨林，走进大自然的怀抱；可以畅游在碧蓝的海域，与五彩斑斓的热带鱼群共舞；还可以体验不同民族的风俗文化，感受中华民族的多元魅力。

　　总之，海南岛因其得天独厚的地理位置和丰富的旅游资源，成为一个理想的度假胜地。无论是温馨的家庭亲子游，还是浪漫的蜜月之旅，抑或是寻找灵感的艺术之旅，海南岛都能为你带来一段难忘的美好体验。所以，不妨在假期之际，和家人朋友一起，来到这个被誉为"东方夏威夷"的绿色宝岛，尽享大自然的恩赐吧！

083 巴马瑶族自治县为什么被誉为 "长寿之乡"？

巴马瑶族自治县（以下简称巴马）位于广西壮族自治区河池市西南部，地处喀斯特地貌区。截至 2021 年，巴马每 10 万人口中有 35 位百岁老人，而且这一比例还在持续增长。

巴马风光

巴马长寿之谜的第一个关键因素是优质的水资源。这里的水含有丰富的矿物质，如钙、镁等，这些矿物质有利于人体健康。

巴马长寿之谜的第二个关键因素是适宜的气候。这里地势较低，气候温暖湿润，四季如春。空气中负氧离子含量极高，有助于预防呼吸道疾病和心脑血管疾病。可以说，如果你身处巴马，就处于一座天然"绿色氧吧"。

巴马长寿之谜的第三个关键因素是健康的食物。这里的土壤肥沃，种植的蔬菜和水果不仅美味可口，而且营养丰富，对身体有诸多益处。

当然，除自然条件之外，当地居民的生活方式和饮食习惯也是长寿的重要因素。这里的人们习惯早睡早起，经常参加户外活动，保持愉快的心情。这种简单的生活方式有助于降低压力，让人更加健康长寿。此外，巴马当地人还养成了良好的饮食习惯，如低盐、低脂、低糖等，这也有助于身体健康。

巴马长寿之乡的故事传遍了世界，吸引了众多游客前来参观游览。

084 四川为什么被称为"天府之国"？

四川，这片位于中国西南部的神奇土地，自古以来就有着"天府之国"的美誉。那么，为什么四川会被称为"天府之国"呢？

四川位于长江上游地区，地势起伏较大。四川西部山地众多，大部分地区为高原山地气候；中部和东部为盆地，属亚热带季风气候，四季分明，温暖而湿润，为农作物的生长提供了得天独厚的条件。正因如此，四川的农业生产非常发达，特别是水稻、小麦、油菜等农作物质量上乘，产量很大。另外，四川还是中国茶叶的主要产区之一，如峨眉雪芽、蒙顶甘露等都是著名的茶叶品种。

乐山大佛

除了发达的农业，四川还拥有丰富的矿产资源。金、银、铁等矿产资源为四川的经济发展提供了强大的支撑。同时，四川盆地丰富的水能资源、煤炭资源和天然气资源，也使得四川成为我国重要的能源产区。

此外，四川的自然景观美不胜收。从巍峨壮丽的四姑娘山、色彩斑斓的九寨沟，到著名的大熊猫栖息地、壮观的乐山大佛，四川拥有众多世界闻名的旅游胜地。这里的美景吸引了无数游客前来欣赏，也为四川人带来了可观的收入。

当然，四川独特的饮食文化也不能忽略。川菜作为中国八大菜系之一，以"麻辣鲜香"著称。川菜的代表性菜肴有"麻婆豆腐""宫保鸡丁""水煮鱼"等。这些美食让四川成为一个充满诱惑的美食天堂，让无数人为之倾倒。

值得一提的是，四川还有悠久的历史和灿烂的文化。三国时期的蜀国就位于四川，这里有许多英勇的历史人物和感人至深的故事。成都是四川的省会，有着悠久的历史，被誉为"一座来了就不想离开的城市"。

四川还生活着众多少数民族，如彝族、藏族、羌族等，这些民族的独特文化也为四川增添了浓厚的文化底蕴。四川美丽的自然风光、悠久的历史文化、独特的民俗和美食，共同彰显出这个"天府之国"的魅力。

都江堰为什么被誉为"世界水利文化的鼻祖"？

都江堰是位于四川省都江堰市的著名水利工程，被誉为"世界水利文化的鼻祖"。它就像一名勇敢的战士，保卫着成都平原的百姓。那么，究竟是什么让都江堰声名远扬呢？

都江堰

首先，都江堰的设计理念非常先进。我们经常讲"顺势而为"，即顺应自然规律进行建设。都江堰的设计者李冰，正是运用了这一原则，巧妙地利用地形地貌，把都江堰修建在岷江中游，实现了平衡水流、防洪和灌溉的目的。

其次，都江堰的建筑技术卓越。在古代，科学技术并不像今天这样发达，但都江堰凭借其独特的建筑结构成为水利工程的典范。它采用无坝引水的方法，将河水分流后并用于灌溉，既降低了建筑成本，又减轻了对环境的破坏。这种富有创新性的技术在当时世界范围内都是少有的。

再次，都江堰的功能齐全。一项优秀的水利工程应该具备灌溉、防洪、排涝等多种功能，都江堰恰好实现了这些功能。它不仅有效地调节了水资源，保证了下游农田的灌溉水源，还能在汛期起到防洪作用。

最后，都江堰具有很高的文化价值。它不仅是一座世界级的水利工程，更是中国古代劳动人民智慧的结晶。都江堰的建设过程充分展示了中国古代劳动人民勤劳、智慧、勇敢的精神品质。

都江堰不仅为四川省的农业发展奠定了基础，还促进了当地的经济发展。在它的滋润下，成都平原得以迅速发展，成为一个以农业为基础、工商业兴盛的地区。此外，都江堰的成功实践也为世界各地的水利工程建设提供了宝贵的经验。

086 为什么九寨沟被称为"人间仙境"?

九寨沟位于四川省北部。这里有各种形状的湖泊,当地人称它们为"海子"。这些海子犹如上帝打翻的调色盘,五彩斑斓。这些海子之所以如此迷人,是因为湖里有一种叫作"钙华"(碳酸钙)的东西。钙华在湖水中沉积,然后反射和散射阳光,使湖水看起来非常美丽。除了钙华,海子的深度、清澈度及水里的其他物质也影响海子的颜色。

九寨沟

除了美丽的湖泊,九寨沟还拥有壮观的瀑布。这里的瀑布数量众多,它们的形成与地形有关。地形决定了水流的速度和方向,从而塑造出各种形状和规模的瀑布。这些瀑布从高处跌落到湖泊中,就像是天上的一道道银河流淌到人间,美不胜收。

四季更迭,九寨沟的景色如诗如画。春天,新绿的树叶点缀着五彩斑斓的湖泊；夏天，幽静的湖水映衬着郁郁葱葱的山林；秋天，金黄的落叶覆盖在蜿蜒的山路上；冬天，皑皑白雪为这片仙境披上了银装。这里的四季景色各异，都能给人留下难以忘怀的美好记忆。

九寨沟不仅有美丽的自然景观，还是动植物栖息的乐园。这里有许多珍稀动植物，如红松、冷杉、四川红杉等植物，以及大熊猫、川金丝猴、斑羚等动物。这些动植物是生态平衡的守护者，它们共同构成了九寨沟独特的生物多样性。在这片人间仙境中，它们与美丽的山水相互依存，共同生息。

九寨沟还有丰富的民族文化。藏族、羌族等少数民族世代居住在这里，他们独特的建筑风格和民俗文化为这里的美景增添了几分人文韵味。在九寨沟，游客们可以欣赏藏族舞蹈、品尝羌族美食，感受多元文化的魅力。

人们行走在九寨沟，既可以欣赏五彩斑斓的湖泊、壮观的瀑布和珍稀的动植物，又可以体验独特的少数民族风情，可谓置身于名副其实的"人间仙境"！

张家界为什么会成为《阿凡达》的取景地？

你看过科幻电影《阿凡达》吗？其中，哈利路亚山主山头的原型就是乾坤柱，它位于湖南省的张家界国家森林公园。接下来，让我们走进张家界，探索其成为电影《阿凡达》取景地的原因吧。

张家界

首先，张家界有着奇特的地貌特征。张家界地处武陵山脉，以独特的砂岩峰林地貌而著称。这里的山峰千奇百怪，形态各异，像宫殿、像塔楼、像利剑，形成了一个神秘的石头世界。这种独特的地貌与《阿凡达》中虚构的潘多拉星球的景象非常相似，所以它能成为电影的取景地。

其次，张家界有着丰富的生态系统类型。这里有许多珍稀的动植物，形成了一个生机勃勃的生态天堂。这里的植被覆盖率高，有着世界上最丰富的石英砂岩峰林植物种类。这为电影的拍摄提供了丰富的视觉素材，可以让观众感受潘多拉星球的神奇魅力。

最后，张家界的神秘氛围也为《阿凡达》的拍摄增色不少。在这里，雾气缭绕的山峰、奇异的岩石、幽深的峡谷和绿意盎然的森林共同构筑了一个梦幻般的世界。正是这种神秘的氛围，让《阿凡达》的导演詹姆斯·卡梅隆被深深吸引，决定将这里作为电影的取景地。希望你们有机会能亲自去张家界，感受大自然的鬼斧神工。

088 昆明为什么会四季如春？

昆明，这座被誉为"春城"的城市，以其四季如春的气候而闻名。那么，昆明为什么会四季如春呢？

首先，昆明位于低纬度地区。低纬度的地理位置使昆明拥有

昆明

充足的阳光和较高的气温，从而使这里一年四季气温适中。

其次，昆明的地形特点也是一个重要因素。昆明所在的云南高原内部有许多山脉、河谷和盆地，这种地形对局部气候有明显的调节作用。昆明周边的山脉可以阻挡寒冷的北风，使昆明冬季的气温保持在一个相对较高的水平。夏季，这里较高的海拔又使气温不至于过高。正是得益于地形的调节作用，昆明的气温一年四季都保持在一个舒适的范围。

昆明四季如春的气候让无数鲜花盛开。在这里，你可以欣赏到众多美丽的花卉，包括樱花、杜鹃、山茶花等。另外，这里的水果也有很多种，如苹果、菠萝、葡萄等，其质量上乘，享誉全国。

昆明的气候特点对人的身体健康也大有裨益。许多游客来到昆明，不仅是为了欣赏美丽的自然景色，还为了在这里休闲康养。

总之，昆明四季如春的气候特点与其所处的纬度、地形等息息相关。这种宜人的气候使得昆明成为一座充满鲜花、水果和美景的城市，吸引了世界各地的游客。如果你对这里感兴趣，不妨在假期和家人一起去昆明，体验这座春城的独特魅力。

089 黄果树瀑布是如何形成的？

　　明代著名的地理学家徐霞客游历贵州时，看见雄伟壮观的大瀑布在青山的环抱下一泻千里，感慨道："高峻数倍者有之，而从无此阔而大者"。从那时起，藏在深山的"黄果树瀑布"便名扬天下。

黄果树瀑布

　　黄果树瀑布位于贵州省，落差 74 米，宽 81 米，因水势浩大而享有"中华第一瀑"的美誉。

　　黄果树瀑布的形成与季风和地形有关。西南季风与东南季风从海上吹来，为这一地区带来水汽，使这里形成丰富的河网水系。河流顺着高低起伏、崎岖不平的高原山地向低处流动。在流淌过程中，地表被不断侵蚀，河水交流互通，在时间的打磨下，黄果树瀑布与其周围风格各异的大小瀑布组成了亚洲最大瀑布群，堪称"岩溶瀑布博物馆"。

090 "贵州第一山"为什么是梵净山？

在贵州这个地貌奇特、风景如画的省区，有一座名为梵净山的神奇山峰被誉为"贵州第一山"，它有什么魅力能获此殊荣呢？

梵净山

梵净山位于贵州省铜仁市中部，为武陵山脉主峰，最高峰海拔 2570 米。虽然它并非贵州最高峰，但在众多山峰中独具魅力。

梵净山有着独特的地貌特点。梵净山有许多形态各异的山峰，如蘑菇石、红云金顶、老金顶等。红云金顶如同一把宝剑直插云天，傲立于群山之中。

梵净山还有着丰富多样的生物。山上有众多珍稀植物和动物，如珙桐、梵净山冷杉、黔金丝猴等，是名副其实的"世界动植物基因库"。

此外，梵净山还有着丰富的人文景观。这里是佛教圣地，有千年古刹等历史遗迹。当地的苗族、侗族等少数民族文化也为梵净山增添了浓厚的人文气息。

梵净山之所以被称为"贵州第一山"，并非仅仅因为它的高度，还因为它独特的地貌、丰富多样的生物、深厚的人文底蕴及迷人的民族风情。这些因素共同构成了梵净山的独特魅力，使它在贵州众多名山中脱颖而出，成为无数游客的向往之地。

091 美丽的**西双版纳**在哪里？

西双版纳位于云南省南部，地处热带季风气候区，全年温暖湿润，气温较高，雨量充沛。西双版纳有全国最大的热带雨林自然保护区，其中的植物形态各异，其中最为壮观的要数橡胶树了。

西双版纳也是中国境内最大的亚洲象栖息地。这些可爱的大象在这片土地上自由穿行，它们的叫声就像热带雨林中悠扬的交响曲。当然，除了大象，还有许多其他珍稀动物，如猴子、孔雀等，它们在这里欢快地生活，构成了一幅生动的自然画卷。

西双版纳的人文风情也是非常独特的。傣族世代居住在这片热土上，他们热情好客，擅长歌舞。每逢节庆，他们都会举行盛大的庆祝活动。泼水节是傣族的新年节日。节日期间，人们互相泼水，祝愿彼此幸福安康。

泼水节

在西双版纳，你还可以欣赏到壮丽的瀑布。其中，最为著名的要数曼点瀑布了，奔腾而下的瀑布，形成一道惊艳的景观。

到了西双版纳，怎能错过热带植物园呢？这里有成千上万种热带植物，它们争奇斗艳，犹如在举行"选美大赛"。在这里，你不仅可以欣赏到千姿百态的花朵，还可以吃到许多热带水果，如龙眼、菠萝蜜等。

总的来说，西双版纳是一个充满魅力的地方，这里的自然景观和人文风情都让人流连忘返。

092 为什么说贵州"地无三里平,天无三日晴,人无三两银"?

贵州位于我国的西南部,当地有"地无三里平,天无三日晴,人无三两银"的说法。那为什么会有这种说法呢?

贵州风光

"地无三里平"是因为贵州多喀斯特地貌。也就是说,这里遍布溶洞、石林、峡谷等地貌,平坦的地方相对较少。贵州是我国唯一一个没有平原的省区。

"天无三日晴"是因为贵州位于亚热带季风气候区,受季风影响较大。这里气候的特点是温度适中,湿度较大,全年多雨。因此,贵州很少有连续的晴朗天气。

"人无三两银"是因为贵州虽然自然资源丰富,但地势险峻,交通不便,所以经济发展相对滞后。在过去,贵州的百姓生活水平并不高。然而,随着近年来国家政策的支持和贵州人民自身的努力,贵州经济发展速度明显加快,人民生活水平不断提高。"人无三两银"的说法已经不再符合贵州的发展现状了。

此外,正因为特殊的地理环境和气候条件,贵州形成了独特的自然景观和丰富的民俗文化。比如,黄果树瀑布、荔波樟江、西江千户苗寨等都是吸引游客的热门景点。

如果你去贵州旅游,那里的美食也是不容错过的。贵州的酸汤鱼、苗家糯米饭等美食都让人垂涎欲滴。

第八章　西北地区

093 西北地区的特点是什么？

西北地区主要位于我国地势的第二级阶梯，大体位于大兴安岭以西、长城和昆仑山脉—阿尔金山脉以北。西北地区的地形以高原和盆地为主，东部主要是内蒙古高原，西部为高山和盆地相间分布。本区特点有以下几方面。

1. 面积广大。西北地区面积约占全国土地总面积的 30%，人口仅占全国人口总量的 4%，地广人稀。这片广袤的土地宛如一块巨大的画布，绘制出了无数壮丽的自然景观。

2. 气候复杂。西北地区既有高原山地气候，也有温带大陆性气候。高山地区的气候有着垂直方向上的显著差异。

塔克拉玛干沙漠

3. 资源丰富。西北地区蕴藏着丰富的石油、天然气资源，这些资源通过管道运输和铁路运输被运往东部地区，有效缓解了东部地区能源短缺的问题。西北地区地势较高，风能资源也较为丰富，国家在这里修建了许多风力发电站。

4.民族文化多元。西北地区是我国少数民族分布较为集中的地区之一，这里有回族、藏族、蒙古族、维吾尔族、哈萨克族等。不同民族的语言、饮食、服饰、建筑、歌舞等都独具特色。

5.历史悠久。西北地区历史悠久，留存了众多文化遗迹。敦煌莫高窟、楼兰古城、元上都遗址等都是西北地区的历史名片。

大西北，这片广袤无垠、多姿多彩的土地，蕴藏着无尽的奥秘和魅力。让我们带着好奇和敬意，去探寻这片神秘的土地吧！

094 如何搭建蒙古包?

　　说起内蒙古大草原,你脑海里浮现的是什么样的画面?是风吹草低见牛羊的画面,还是夕阳下静静的白色帐篷?或许你对牛羊和骏马早已熟悉,那接下来我们来了解一下白色帐篷——蒙古包!蒙古包其实就是草原上牧民们的房屋,那这种极具特色的房屋是如何搭建的呢?

　　蒙古包和普通房屋不同,它是一座会移动的房子。牧民驰骋草原、放牧牛羊时,会在水草适宜的地方就地搭建蒙古包。牧民先将多根规格相近的红柳木条相互交叉并用系绳连接固定成网状支架(蒙古

蒙古包

语里叫作"哈那","哈那"的质地轻巧坚韧,不易走形)。在固定好支架之后,牧民再将木质的穹顶安装到支架顶部,制成天窗(蒙古语中称其为"陶脑",主要是为了采光和通风)。接下来就可以给支架铺毛毡,给天窗铺盖毡了。毛毡用羊毛按照支架的形状和大小制成。盖毡呈方形,置于蒙古包顶端。最后用骆驼鬃毛或马鬃搓制成粗细不等的绳子将各个部位绑起来,打上牢固的结扣。只需要两三个小时,一个结构牢固、内部宽敞的蒙古包就建好啦。

　　值得一提的是,到了转移草场的时候,牧民们只需要解开蒙古包的绳结,将各个部分拆解并整理到一起,用一两只骆驼便可以将整顶蒙古包运走,非常简便易携。

095 "塞上江南"在哪里？

"塞上江南"原指宁夏黄河灌区，如今泛指宁夏平原，包括银川、吴忠、石嘴山和中卫等地。

宁夏平原位于黄河流域，地处黄土高原和沙漠之间。这里有着深厚的历史文化底蕴，有西夏王陵、水洞沟遗址等著名景点。这里的自然景观也非常迷人：沙湖是一片位于沙漠中的绿洲，风景如画；沙坡头则是一处天然的沙丘景观，形状独特。

宁夏平原的美景

宁夏平原拥有得天独厚的水土资源。由于黄河过境，这里的年均径流量十分丰富，适宜发展农业生产。这里黄土层中的水分较为充足，土壤较为肥沃，因此粮食产量较高。另外，这里优质草场面积大，畜牧业的发展也非常迅猛。此外，宁夏平原还拥有丰富的非金属矿产资源，煤炭等的储量位居全国前列。

在宁夏平原，你还可以品尝丰富的美食，感受多样的民族文化。这里回族人口比例较高，因此回族美食形成一大特色。烤羊肉串、羊杂碎、手抓饭等美食，是游客们不容错过的味蕾盛宴。这里也经常举办各种民俗活动，如赛马、歌舞表演等，展现出独特的民族风情。

总之，"塞上江南"有着独特的魅力，是一个值得游客们前来探寻的美丽地方。无论是欣赏黄河的壮观、沙湖的宁静、沙坡头的奇特，还是品尝美食、领略民俗风情，都将为你的旅程增添难忘的回忆。

096 内蒙古高原上有哪些著名的旅游胜地?

从空中俯瞰内蒙古高原,自东向西,随着距离海洋越来越远,地表景观也大致呈现出草原—荒漠草原—荒漠的变化。内蒙古高原上有众多旅游胜地,下面我们来介绍其中几个。

1. 呼伦贝尔草原

呼伦贝尔草原位于内蒙古高原东北部,这里地势平坦,气候相对湿润,是我国最大的草原。想象一下,你站在这片绿色的海洋中,感受着微风吹过脸庞,欣赏着牛羊成群的壮观景象,一定会心旷神怡。

呼伦贝尔草原

2. 响沙湾

响沙湾位于内蒙古自治区鄂尔多斯市,是一处著名的沙漠旅游景点。与其他沙漠不同的是,当你走在这片沙漠上时,沙子会发出清脆的响声,仿佛在演奏一首美妙的交响乐曲。游客还可以

响沙湾

在这里体验骑骆驼、滑沙等项目,欣赏沙漠中的奇特景观。

3. 阿斯哈图石林

阿斯哈图石林位于内蒙古自治区赤峰市,是由大自然精心雕琢

而成的石头世界。这里的岩石形态各异，惟妙惟肖，有的像城堡，有的像树林……如果你来到这里，白天可以欣赏大自然的鬼斧神工，晚上可以体验独特的民俗文化。

4. 赤峰市红山文化遗址

红山文化遗址位于内蒙古自治区赤峰市，是一处反映我国北方新石器时代晚期文化的重要遗址。在这里，你可以了解内蒙古高原上的古代文明，探索远古时期的神秘历史，也可以欣赏周围美丽的自然风光。

5. 额尔古纳国家湿地公园

额尔古纳国家湿地公园位于内蒙古自治区呼伦贝尔市，园内景观类型丰富，包含河流、湿地、森林和草原等多种类型，孕育了众多的野生动植物，是自然爱好者和摄影爱好者的天堂。

内蒙古高原上的旅游胜地数不胜数，每个景点都为我们展示了这片土地的魅力。如果有时间，你一定要去内蒙古高原看看，探寻那里神奇的地理景观，体验那里的自然之美和人文风情。

097 河西走廊是什么"走廊"?

　　如果你从高空中俯瞰青藏高原东北部，会发现在祁连山脉以北、合黎山和龙首山以南有一片平坦而狭长的谷地，谷地呈西北—东南走向，绵延约 1000 千米，最窄处仅有几千米。这是一条由山脉围合而成的天然大通道，形如走廊，又因位于黄河的西边，故称"河西走廊"。然而真正的河西走廊绝不仅仅是一条地理意义上的通道。

河西走廊

　　由于远离海洋，山脉阻挡水汽进入，河西走廊常年干旱少雨，荒漠和戈壁随处可见。不过，幸运的是，这里受到了祁连山脉冰雪融水的"照顾"，这些冰雪融水汇集成了大大小小的河流，它们沿着河西走廊，一路冲出峡谷，沉积出平原，雕刻出丹霞彩丘，滋养着众多农作物，勾画出一条令人向往的景观走廊。

　　河西走廊还是一条文明走廊，这里自古以来便是沟通中原地区与西域的交通要道，也是多民族不断交流融合的核心区域，留下了大量历史文化遗迹。丝绸之路的畅通促进了东西方商品的西去东往，中原文明从这里走向西域和更远的地方，而来自欧洲等地的文明也通过河西走廊传到中原地区。

　　如今的河西走廊还肩负起风电、光电、天然气等多种能源输送的重担。受气候和地形的影响，这里的风能和太阳能资源丰富，众多特高压直流输电线路在此兴建，清洁能源沿着河西走廊绵延东去。此外，河西走廊还是塔里木盆地的天然气向东输送的重要通道，"能源走廊"实至名归。

098 酒泉为什么能建卫星发射中心？

酒泉卫星发射中心是我国著名的航天发射基地，位于甘肃省酒泉市附近的戈壁滩上。为什么酒泉会成为建设卫星发射中心的理想之地呢？

酒泉卫星发射中心

首先，卫星发射中心的选址要考虑到卫星发射对周围环境和生物的影响。酒泉位于甘肃省西北部，周围都是茫茫戈壁，人烟稀少。这样的地理环境有利于确保卫星发射过程中不会对人类和其他生物造成伤害。

其次，酒泉的地理位置有助于卫星发射。位于北纬40°左右的地区是发射倾角较大的中、低轨道卫星的最佳地带。酒泉市正好位于这个黄金纬度上，为卫星发射提供了一个极佳的出发点。

再次，酒泉的气候条件有利于卫星发射。这里气候干燥，降水少，晴天多，使得卫星发射的成功率大大提高。另外，这里也较少发生沙尘暴，这有利于卫星发射设施的安全。

最后，酒泉的交通条件也有利于卫星发射。虽然酒泉位于我国西北偏远的戈壁滩上，但它位于兰新线上，为运送火箭、卫星和其他各种航天设备提供了便利。

总之，酒泉之所以能成为建设卫星发射中心的理想之地，与其独特的地理位置、适宜的气候和便利的交通密切相关。

099 张掖丹霞地貌美在何处？

张掖丹霞地貌是大自然精心绘制的彩色画卷，让我们来探索这种地貌的神奇之处吧！

张掖丹霞地貌主要由红色砾石、砂岩和泥岩组成，层层叠叠，

张掖丹霞

色彩斑斓。这里的岩石层次分明，颜色丰富，从深红到浅黄，犹如大自然的调色板。而各种形状的山丘、峰林、沟壑等奇特景观，则像是大自然用一把无形的刀雕刻出的一个个惟妙惟肖的艺术品。

张掖丹霞地貌有着奇特的造型和斑斓的色彩。当你漫步在芦苇沟，环顾四周，千仞赤壁，峰回路转，一步一景，仿佛置身于一个童话世界。

这里的丹霞地貌被誉为"中国最美的七大丹霞"之一，还曾被美国《国家地理》杂志评为"世界十大神奇地理奇观"之一。

张掖丹霞地貌是大自然的杰作，也是一种不可再生的珍贵地质遗产。如果你来到这里，希望你能在欣赏它的神奇、感受它的壮美之余，更加懂得如何去保护它！

100 敦煌莫高窟为什么能保留至今？

莫高窟位于甘肃省敦煌市，是一处著名的世界文化遗产，有着众多壁画和雕像，相传始建于公元4世纪。那么，窟内那些珍贵的文化遗产是如何历经千年沧桑，依然保存得如此完好的呢？

莫高窟

首先，这与莫高窟的地理位置有关。敦煌位于河西走廊西端，气候干燥，降水稀少，这为莫高窟内文物的保存提供了有利条件。干燥的气候减缓了壁画和雕像的风化速度，使它们在一定程度上能够抵御自然界的侵蚀。

另外，古人也采取了很多措施来保护莫高窟。在过去的几个世纪里，敦煌曾经历过数次战乱和地震，很多人在关键时刻采取了保护措施，如修补破损、加固悬崖等，使莫高窟避免受到严重损害。

如今，政府也采取了许多措施来保护莫高窟。例如，限制游客数量、开展定期的修复和维护工作等。

保护莫高窟不仅是为了让我们和子孙后代欣赏到这些精美的壁画和雕像，更重要的是传承和发扬我们的文化。当我们了解莫高窟的历史和故事后，会更加珍惜这里珍贵的文化遗产。

101 "早穿棉袄午穿衫"是怎么回事？

新疆位于我国西北边陲，是一个地域辽阔、自然风光独特的地方。新疆的一些地区有一种有趣的现象：早晨时分人们穿棉袄抵御寒冷，到了中午却要换上轻薄的衣服。那这种"早穿棉袄午穿衫"的现象是怎么形成的呢？

新疆风光

这是因为新疆地处内陆，属典型的温带大陆性气候。这里距离海洋很远，地表以沙石为主，沙石比热容较小，升温快，降温也快。具体来说，太阳升起后，地表受到阳光的照射，吸收大量热量而迅速增温；太阳落山后，地表又迅速散失热量，造成夜间气温迅速降低。

"早穿棉袄午穿衫"这种现象可以用一个形象的比喻来描述：新疆一天的气温就像一个调皮的孩子，早晨爱捉弄人，让你感到"心寒"，中午却又让你感到温暖。正是因为这种气温特点，新疆的居民在穿衣时需要更加灵活。

这种有趣的现象不仅让我们了解了新疆地区的气温特点，还让我们认识到地理环境对人类生活方式的影响。

102 "魔鬼城"里有魔鬼吗?

新疆有多处"魔鬼城",以位于克拉玛依市东北约110千米处的乌尔禾区的魔鬼城最为出名。白天,人们远眺"魔鬼城",这里高低不平的岩石就像一座座参差错落、大大小小的城堡,这赋予了魔鬼城的"形";每当夜晚降临,迷宫般的"魔鬼城"内开始出现各种声音,如狼嗥虎啸,似魔鬼怒吼,令人毛骨悚然,这赋予了魔鬼城的"音"。因此,这里被当地人称为"沙依坦克尔西",意思就是魔鬼出没的地方。

其实,"魔鬼城"并不是住着魔鬼的城堡,而是一种典型的风蚀地貌——雅丹地貌。它的形成要追溯到1亿多年前,当时"魔鬼城"所处的地方是一个巨大的淡水湖,湖泊里沉积了厚厚的

乌尔禾魔鬼城

沉积岩。后来,由于地壳运动,湖底得以抬升。这些沉积岩在白天接受着太阳的炙烤,而到了夜晚又面临温度的剧烈下降,从而导致其崩裂和破碎,加上强劲的风力对岩石侵蚀,逐渐形成如今形似古堡的独特地貌。夜晚人们听到的魔鬼的声音,就是风在吹拂打磨岩石的声音。

明白了"魔鬼城"的由来之后,人们再也没有了惧怕,取而代之的是对大自然力量的感慨与敬畏。现在的"魔鬼城"已经是著名的旅游景点,有空的话,不妨来这里听听"魔鬼的声音"吧!

103 为什么说伊犁河谷是"湿岛"？

地理学上，"湿岛"是指干旱地区相对湿润的地带。伊犁河谷正好符合这一特点，尽管它位于新疆的干旱地区，却是一个水资源相对丰富的绿洲。

伊犁河谷之所以被称为"湿岛"，与其地理位置和地形特点密切相关。伊犁河谷位于天山山脉的北麓，海拔较低，地形较为开阔。盛行西风将来自大西洋的少量湿润气流带到这里

伊犁风光

后，受地形影响，湿润气流在山地迎风坡被迫抬升，形成地形雨，使得该地区降水较为丰富。另外，高山冰雪融水和地下水也为伊犁河谷提供了宝贵的水资源。

这片湿润的土地上生长着茂盛的森林、草原，形成了一片绿色的海洋。这里森林覆盖率高，植被种类丰富，也为动物提供了良好的栖息地。在伊犁河谷，人们可以看到多种野生动物和稀有植物，感受大自然的神奇魅力。

104 火焰山在哪里？

《西游记》第五十九回中提到，唐僧师徒四人一路西行，途经一座热浪滚滚的大山，山上燃着熊熊大火，山下方圆百里寸草不生。这座山就是火焰山，也是孙悟

火焰山风光

空三借芭蕉扇故事的起源地。那么《西游记》里描写的火焰山在现实中存在吗？

现实中还真有火焰山的原型。它位于我国新疆的吐鲁番盆地，古书称之为"赤山石"，维吾尔语称"土孜塔格"，意为"红山"，而对大部分中国人来说，"火焰山"是它更响亮的名字。与新疆大部分高五六千米的大山相比，最高处海拔仅为800多米的火焰山矮得可怜。然而，火焰山绝不是靠雄伟高大引人注目的，它吸引千万游客的原因是绝无仅有的炎热体验。夏季，炎热的阳光暴晒着火焰山上绵延100千米的红色山岩，远远看去，就像燃烧的

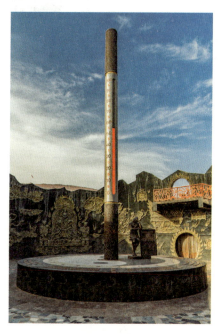

火焰山景区金箍棒温度计

火焰，火焰山这一称谓真是名副其实。

为何火焰山如此炎热呢？这是因为它处于吐鲁番盆地北部，地势较低，夏季，热空气聚集在内，温度升高。此外，火焰山周边都是戈壁、流沙，这样的地面升温比草地、水域要快得多。火焰山景区内的金箍棒温度计一不留神就窜上高值，见证这个地方成为我国夏季最炎热的地方。

105 新疆著名的喀纳斯湖是如何形成的?

　　新疆北部的阿尔泰山脉中隐藏着一个美丽的湖泊——喀纳斯湖。这个迷人的湖泊被称为"人间仙境",吸引着无数游客前来探寻它的美。那么,喀纳斯湖是如何形成的呢?

　　喀纳斯湖的形成与冰川活动密切相关。地质历史时期发生过多次地壳运动,使这片土地日益高耸。当地球进入冰期时,大量的冰川覆盖在山脉上;当地球进入间冰期时,气候转暖,冰川开始融化,在冰川消退的过程中,冰川挟带的大量冰碛物堆积在现今喀纳斯湖的湖口一带,使谷地堵塞,形成了一个天然的盆地。受到高山冰雪融水和大气降水的补给,盆地内部汇集了大量水源,逐渐形成了喀纳斯湖。

喀纳斯湖

喀纳斯湖四周被高山环抱，受到人类活动的影响较小，水质清澈，形成了令人陶醉的景观。在这里，人们可以欣赏到雪山、森林、草原和河流等自然景观的完美组合。在新疆这片神奇的土地上，喀纳斯湖犹如一颗璀璨的明珠，闪耀着迷人的光彩。

喀纳斯湖地区还流传着一个神秘的传说。当地人认为，湖中住着一种叫作"喀纳斯水怪"的神秘生物。这个传说为喀纳斯湖增添了一抹神秘色彩，虽然至今仍没有确凿证据证明"喀纳斯水怪"的存在，但这个传说仍然激发着人们对喀纳斯湖的好奇心，每年吸引众多游客前来游览。

第九章

青藏地区

106 高原气候有何神奇之处？

青藏高原被誉为"世界屋脊"，是地球上最高的高原。在这里，你会发现许多奇特的现象。

青藏高原

首先，青藏高原的昼夜温差很大。你知道吗？这里白天和晚上的温度可能相差20℃以上！这是因为青藏高原地势高，空气稀薄，日照强烈，白天地表吸收太阳辐射，温度迅速升高；而到了晚上，地表又迅速散失热量，气温骤降。

其次，青藏高原有一种特殊的气候现象叫作"雨影效应"。喜马拉雅山脉位于青藏高原南部。在喜马拉雅山脉南坡，暖湿的南亚季风带来充沛的降水，使得这里植被茂密；而在喜马拉雅山脉北坡，山脉阻挡了来自南部的湿润空气，使得北坡及内陆地区降水稀少，形成了广袤的草原和荒漠。喜马拉雅山脉就像一座高墙把雨水挡在了南边，从而使北边的大地变得干燥。

再次，青藏高原冬季和夏季景观不同。夏季，印度洋暖湿气流带来丰沛的降水，使得高原成为一座水汽"宝库"。冬季，受到寒冷的蒙古—西伯利亚高压的影响，高原变得干燥寒冷。这就好比在夏天，高原是一个相对凉爽的地方，而在冬天，它就变成了一座冰雪覆盖的王国。

最后，青藏高原对周边地区的气候有着显著影响。青藏高原被称为"亚洲气候调节器"，对东亚和南亚地区的气候有着重要的调节作用。

107 为什么说牦牛是"高原之舟"?

牦牛是一种生活在青藏高原的动物，它们能够在高寒、缺氧的环境中生存，是高原上人们的得力助手。牦牛之所以被称为"高原之舟"，有以下几个原因。

牦牛

首先，牦牛在高原上的生存能力非常强。它们身上长着厚厚的皮毛，能够抵御严寒。同时，牦牛的肺部结构与生活在低海拔地区的牛不同，牦牛的肺部有更多的肺泡，气体交换面积更大，能够帮助牦牛更好地适应低氧的环境，进而有助于牦牛在高原上生活。

其次，牦牛具有非凡的耐力。它们能够在恶劣的环境中长时间行走。它们不仅能够在泥泞的山路上稳稳地行走，还能帮人们背负生产生活所需的多种物品。它们就像一艘艘能适应各种水体环境的船，无论是在湍急的河流中，还是在平静的湖泊中，都能够自如地航行。

再次，牦牛为高原居民提供了各种生活必需品。它们的毛可以编织成帐篷和毯子，用来抵御寒冷；它们的奶和肉可以充当人们的食物来源，用来维持生存；它们的粪便可以作为燃料，供人们在高原上生火取暖。这些都使得牦牛在高原人们的生活中具有不可替代的地位。

最后，牦牛还是高原文化的重要象征。在藏族人民的传统文化中，牦牛被视为吉祥的动物，象征着幸福和安宁等。在节日庆典中，牦牛还会被装饰得五彩斑斓，彰显出高原文化的独特魅力。

综上所述，牦牛在青藏高原上的生存能力、耐力、对高原居民生活的重要性及其文化地位，都是它被称为"高原之舟"的重要因素。

108 青藏高原的野生动物有哪些？

青藏高原不仅地势险要，气候多样，还孕育了许多独特的野生动物。下面就让我们一起来探寻青藏高原的野生动物吧！

首先出场的是一种神奇的动物——藏野驴。藏野驴生活在海拔4000~6000米的高山草甸和荒漠地带。它们个头不大，却非常强壮，能够在恶劣的高原环境中生存。它们长得非常可爱，头顶还有一撮长长的毛发。

藏羚羊被誉为"高原精灵"，它们拥有纤细的四肢，奔跑速度极快，时速可达80千米！简直就是高原上的"飞毛腿"。

藏羚羊

雪豹是高原上的一种猫科动物，它们拥有漂亮的斑纹和强壮的身躯，能够在陡峭的雪山和崖壁上行动自如，是高原上的"雪域精灵"。

黑颈鹤是一种生活在高原地区的鹤种，其中青藏高原是其主要繁殖地。它们喜欢在高原湖泊和河流附近觅食。黑颈鹤优美的舞姿令人陶醉，被誉为"高原舞者"。

黑颈鹤

野牦牛是青藏高原上的"力量之王"。它们雄壮威猛，非常适应高原的恶劣环境，被誉为"高原之舟"。

青藏高原还有一种特殊的鸟类——藏雪鸡。藏雪鸡是一种非常适应高原环境的鸟类，它们羽毛的颜色与石头相似，这使它们在高原上非常难以分辨。当它们遇到危险时，会利用这种保护色迅速融入环境，躲避天敌。

除此之外，青藏高原上还常常可以见到高原鼠兔。它们外表可爱，四肢短小，耳朵圆圆的。高原鼠兔擅长挖洞，它们的洞穴可以在地下形成一个庞大的通道系统，能够帮助它们在危险来临时迅速躲避。这

高原鼠兔

些小家伙被誉为高原上的"地下工程师"。

青藏高原上的野生动物种类繁多，它们在这片土地上繁衍生息，共同构建了一个和谐的生态家园。我们要尊重和关爱珍稀动物，保护它们的生存环境，让它们在这片美丽的高原上快乐生活。

109 **青藏地区**的传统节日和民俗活动有哪些?

青藏地区的民族文化丰富多彩,有许多独特的传统节日和民俗活动。下面就让我们一起来了解一下吧!

1.藏历新年:藏历新年是藏族人民最重要的节日。通常在藏历正月初一开始,节期各地不同。节日期间,家家户户会准备丰盛的食物,还会互相拜访、祝福,充满了欢乐和团圆的气氛。

2.雪顿节:雪顿节亦称"晒佛节",通常在藏历七月初举行,为期3~5天。雪顿节的一项重要活动是展佛,僧人会把巨大的唐卡佛像展出,吸引成千上万的信众前来参拜。

赛马节

3.赛马节:赛马节是藏族最盛大的节日之一,通常在每年的7月或8月举行,旨在庆祝丰收、展示草原生活和进行物资交流等。节日期间人们会举办赛马、唱歌、跳舞等活动,充满竞技与欢乐。

青藏地区众多的传统节日和民俗活动反映了藏族人民丰富多彩的民族文化和对生活的热爱。我们在了解这些节日和活动的同时,应该学会尊重和欣赏不同的民族文化。

110 雅鲁藏布大峡谷在哪里？

你听说过雅鲁藏布大峡谷吗？它位于西藏自治区南部，雅鲁藏布江下游，是世界上最深、最长的峡谷，全长504.6千米，最深处与峰顶之间的高差可达6009米。雅鲁藏布江是亚洲的一条重要河流，源于喜马拉雅山脉北麓，最终注入印度洋。

雅鲁藏布大峡谷

雅鲁藏布大峡谷是一处独特的地质奇观。在这里，你可以看到河流的侵蚀作用、风化作用和大地构造运动等共同创造出的奇特景观。在峡谷的河谷、悬崖、洞穴等地，地质学家还发现了许多珍贵的化石，它们体现了地球上生命演化的千姿百态。

雅鲁藏布大峡谷是探险家的梦想之地。这里的峡谷和丛林为喜爱登山、徒步、漂流等户外运动的人们提供了极具挑战性的场地。

111 拉萨为什么被称为"日光城"?

拉萨，藏语意为"圣地""佛地"。拉萨不仅是西藏的政治、经济、文化和教育中心，更是无数藏传佛教信徒心中的"圣地"。拉萨也被称为"日光城"，因为这里是世界上阳光最充足、最热烈的地方。

拉萨全年多晴朗天气，即使下雨也大多在夜间，其全年日照时间平均在 3000 小时以上。也就是说，太阳每天要"上班"8 个多小时，这可比同纬度的四川盆地多

拉萨

2 倍的日照时长呢！太阳在拉萨可以说是兢兢业业的"发光打工人"。此外，太阳在拉萨还显得格外灿烂和明媚。这是因为拉萨海拔 3600 多米，大气稀薄，水汽和灰尘含量也非常少，所以阳光透过大气照射到拉萨时，在大气层中被吸收、散射的也就特别少，照射到拉萨的阳光就格外强烈。

热情的太阳不仅为拉萨带来光明与温暖，还为这里带来了能源！太阳能不仅是可再生资源，还绿色无污染。目前，拉萨已经建成多座光伏发电站，太阳正在用更多的方式守护这座高原城市。

112 为什么说**布达拉宫**是西藏的象征?

布达拉宫是西藏自治区拉萨市的著名宫殿建筑,被誉为"西藏的象征"。那为什么说布达拉宫是西藏的象征呢?

布达拉宫

首先,布达拉宫坐落在拉萨市西北角的玛布日山上。远远望去,红白相间的外墙和富丽堂皇的金顶尤为引人注目,整座建筑如同一颗璀璨的明珠,镶嵌在高原之上。

其次,布达拉宫有着丰富的历史和文化内涵,它见证了西藏历史上许多重要的宗教和政治事件。布达拉宫有许多珍贵的文物,如壁画、雕塑、佛像等,展示了藏族文化的独特魅力。

再次,从地理位置来说,布达拉宫位于青藏高原东南部。这里地势较低,气候相对温暖湿润,是青藏高原上人类居住的最佳地区之一。

最后,当我们谈论布达拉宫时,我们谈论的不仅是一座建筑,更是一种信仰、一种精神、一种民族文化的象征。正因如此,布达拉宫成为西藏的象征。

布达拉宫是西藏历史和文化的集中体现,是世界各地人们了解西藏、认识西藏的重要窗口。让我们一起去感受布达拉宫的魅力,去领略西藏的神奇与美丽吧!

113 青藏铁路是如何建设的？

你知道世界上海拔最高的铁路是哪一条吗？没错，就是我国自主建设的青藏铁路！那么，青藏铁路是如何在这么高的地方修建起来的呢？

青藏铁路

青藏铁路全长 1956 千米，连接了青海省西宁市和西藏自治区拉萨市，穿越了世界屋脊——青藏高原。青藏高原平均海拔超过 4000 米，空气稀薄，冻土广布，气候条件恶劣。这样的环境给青藏铁路的建设带来了巨大的挑战。但是，中国的铁路建设者凭借顽强的毅力和卓越的智慧，克服了重重困难，成功建设了青藏铁路。

在建设过程中，工程师们首先面临的问题是如何规划铁路线路。青藏高原地形地势复杂，有高原、山地、河谷等多种地形类型。为了确保铁路运行的安全和稳定，工程师们需要对青藏高原的地形、地质、气候等进行详细的调查研究，然后通过科学的方法选择出最佳路线。

在铁路建设过程中，工程师们还需要解决许多技术难题。比如，如何在高寒地区保证铁轨的稳定性，如何应对高原上冻土和地震活动对铁路的影响，如何保护脆弱的生态环境。为了解决这些问题，工程师们进行了大量的实验和研究，不断提高技术水平，最终成功破解了这些难题。

青藏铁路建设过程中还有一个挑战是如何确保工人的生命安全。青藏高原上空气稀薄，工人容易产生高原反应，出现头痛、呼吸困难等症状。为了解决这个问题，工程师们采取了很多措施，如为工人增加营养、改善住宿条件、提供医疗保障等，最大限度地保障工人的生命安全。

经过多年的艰苦努力，青藏铁路终于在 2006 年 7 月实现全线通车。这条铁路促进了青海和西藏的经济发展，有利于改善民生和加强区域对外交流。青藏铁路的成功建设，展示了中国铁路建设者的坚定信念和强大实力。

"中华水塔" 知多少？

三江源

"中华水塔"是指我国的三江源地区，它位于青藏高原中东部，是长江、黄河、澜沧江的源头地区。你对这片神秘的区域了解多少呢？下面一起来长长知识吧！

三江源地区水资源丰富。这里地势高，有大量的冰川和湖泊。这些水资源汇集成河流，分别形成了长江、黄河和澜沧江三条大江的源头。长江总水量的25%、黄河总水量的49%和澜沧江总水量的15%都来自三江源地区。可以把三江源地区看作一个巨大的蓄水池，它滋养了青藏高原的生态系统，并为下游地区提供了宝贵的水资源。

三江源地区在中国河流体系中具有重要地位。长江、黄河和澜沧江是我国的重要河流，分别流经我国的南方、北方和西南地区，为亿万人民提供了生命之水。正因如此，三江源地区被誉为"中华水塔"。

保护好"中华水塔"对于中国乃至世界都具有重要意义。随着全球气候变暖和人类活动的影响，水资源短缺和生态环境恶化问题日益突出。而加强对三江源地区的生态监测和保护，正是缓解这些问题、促进区域可持续发展的重要举措。

115 柴达木盆地为什么被称为"聚宝盆"?

> 黄河、长江发源在昆仑,
>
> 柴达木井架密如林。
>
> 油苗遍地似春草,
>
> 风吹油味遍地香喷喷。
>
> 这样富饶的地方哪里有呵,
>
> 我们的柴达木是个聚宝盆。
>
> ——节选自《柴达木小唱》

这是由诗人李季创作于 1954 年的诗歌。这首诗歌写出了柴达木的瑰丽雄奇,写出了青海石油的远大前景,受到无数人的喜爱。柴达木盆地不再是古人眼里"八百里瀚海无人烟"的荒凉之地,而是一个充满了理想和希望的"聚宝盆"。那么,柴达木盆地到底埋藏了多少宝藏呢?

"柴达木"是蒙古语,意思是"盐泽"。柴达木盆地有众多盐湖,有丰富的锂、钾、镁等矿产资源。"聚宝盆"里的宝藏不止于此,那里荒芜的地表下还藏着丰富的石油和天然气资源。柴达木盆地还是全国太阳能资源最丰富的地区之

茶卡盐湖

青海油田

一，是世界上最大的荒漠化并网光伏发电基地。

此外，这片总面积约 22 万平方千米的土地上还生活着多种珍稀野生动物，如野牦牛、藏原羚、白唇鹿等。柴达木盆地，看似贫瘠荒芜，却处处蕴藏着宝藏，是当之无愧的"聚宝盆"。

116 青海湖的湖水是咸的吗？

青海湖是我国著名的旅游胜地之一，也是我国最大的内陆咸水湖，其景色优美秀丽，每年吸引着大量游客前来。那青海湖的湖水真的是咸的吗？

青海湖

青海湖的水主要来自高山冰雪融水和大气降水，以及周围河流的注入，湖水微咸，含有少量的盐分。与海水相比，青海湖水的盐度要低得多。青海湖的盐分来源主要是附近山区的地下水渗漏，以及周边地区的水系带来的盐分。湖水的盐度受到季节、气候和降水等因素的影响而发生变化。在雨季，流入湖水的淡水增多，盐度下降；而在旱季，湖水蒸发加剧，盐度则会上升。